Sugestões para melhorar a educação básica:
estudo comparativo entre a Espanha e o Brasil

Sugerencias para mejorar la educación básica:
estudio comparativo entre España y Brasil

Esta obra é uma homenagem ao professor Carlos Ramos Mota, pela firme defesa de princípios e opiniões, o que contribuiu para que sua vida fosse covardemente interrompida.

Esta obra es en homenaje al profesor Carlos Ramos Mota, por la firme defensa de principios y opiniones, lo cual contribuyó para que su vida fuera cobardemente interrumpida.

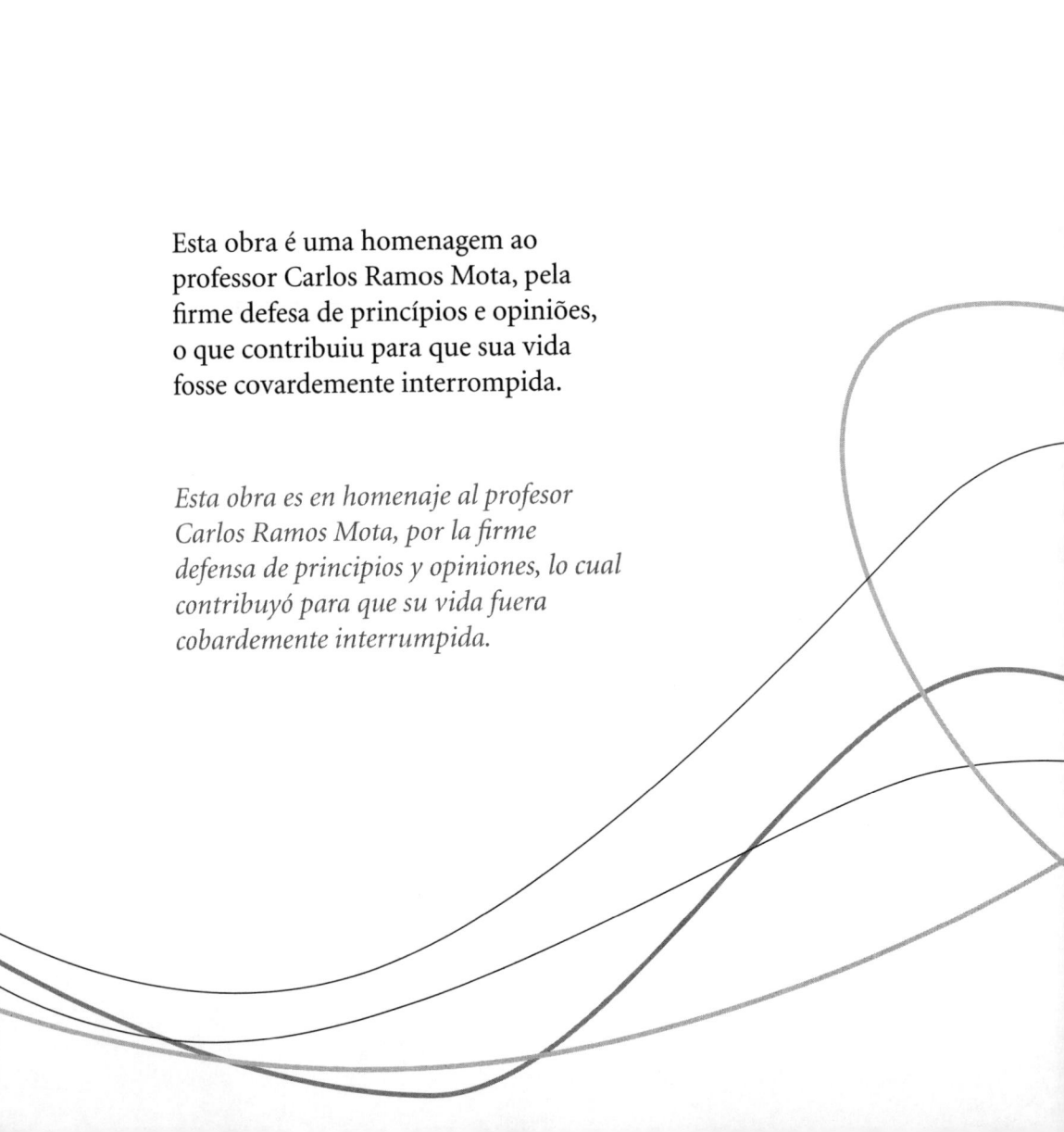

POLÍTICAS Educacionais
POLÍTICAS Educacionales

Sugestões para melhorar a educação básica:
estudo comparativo entre a Espanha e o Brasil

Sugerencias para mejorar la educación básica:
estudio comparativo entre España y Brasil

Antonio Ibáñez Ruiz

Coordenação Editorial
Sônia Cunha

Edição
Maria Estela Heider Cavalheiro

Revisão
Lara Borriero Milani
Luciana Soares da Silva

Projeto gráfico e capa
Kelly Sato / Signorini Produção Gráfica

Editoração eletrônica
Signorini Produção Gráfica

ISBN – 978 85 16 06117-3

Coordinación Editorial
Sônia Cunha

Edición
Maria Estela Heider Cavalheiro

Revisión
Deise Mugnaro

Proyecto gráfico y portada
Kelly Sato / Signorini Produção Gráfica

Editoración electrónica
Signorini Produção Gráfica

ISBN – 978 85 16 06117-3

```
         Dados Internacionais de Catalogação na Publicação   (CIP)
                 (Câmara Brasileira do Livro, SP, Brasil)

         Ruiz, Antonio Ibáñez
            Sugestões para melhorar a educação básica :
         estudo comparativo entre a Espanha e o Brasil /
         Antonio Ibáñez Ruiz. -- São Paulo : Moderna,
         2009.

            Bibliografia
            ISBN 978-85-16-06117-3

            1. Educação básica - Brasil 2. Educação básica -
         Espanha 3. Educação e Estado - Brasil 4. Educação e
         Estado - Espanha 5. Política educacional - Brasil
         6. Política educacional - Espanha I. Título.




         08-07687                                    CDD-370.11
```

Índices para catálogo sistemático:

1. Brasil e Espanha : Educação básica : Estudos
    comparativos   370.11

Editora Moderna Ltda.
Rua Padre Adelino, 758 – Belenzinho
São Paulo – SP – Brasil
CEP 03303-904
Tel. (11) 2790-1300
Fax (11) 2790-1369
www.moderna.com.br
2009
Impresso no Brasil

Editora Moderna Ltda.
Calle Padre Adelino, 758 – Belenzinho
São Paulo – SP – Brasil
Código postal: 03303-904
Teléfono: (11) 2790-1300
Fax: (11) 2790-1369
www.moderna.com.br
2009
Impresso en Brasil

Índice

Apresentação 7

Capítulo 1 A legislação educacional na Espanha
            após a Constituição de 1978 9

Capítulo 2 Alguns aspectos da legislação espanhola 23

Capítulo 3 O Brasil pode aprender com a
            experiência da Espanha? 35

Capítulo 4 Sugestões para melhorar a
            educação básica no Brasil 45

Referências bibliográficas 59

Biografia 63

Índice

Presentación 67

Capítulo 1 La legislación educacional en España
            luego de la Constitución de 1978 69

Capítulo 2 Algunos aspectos de la legislación española 85

Capítulo 3 ¿Puede Brasil aprender con la
            experiencia de España? 99

Capítulo 4 Sugerencias para mejorar
            la educación básica en Brasil 109

Referencias bibliográficas 124
Biografía 127

Apresentação

A educação brasileira foi marcada, na segunda metade da década de 1990, pela implementação de mudanças, consequência da Lei de Diretrizes e Bases da Educação, sancionada em fins de 1996.

Não há como ignorar que muitas dessas mudanças foram influenciadas pelas reformas que ocorreram na Espanha nas décadas de 1980 e 1990. No período, figuras importantes ligadas à formulação da reforma espanhola, como César Coll e Álvaro Marchesi, além de colaboradores deles, prestaram assessoria direta ao governo de Fernando Henrique Cardoso.

Posteriormente, já no início de 2000, diversos meios de comunicação e diferentes entidades deram destaque ao êxito alcançado pela educação espanhola, entre elas a Confederação Nacional da Indústria (CNI) e a Organização das Nações Unidas para a Educação, a Ciência e a Cultura (Unesco).

Em 2006, a CNI apresentou a todos os candidatos à Presidência da República do Brasil um documento com propostas para a educação que citava explicitamente a evolução que a Espanha, a Finlândia, a Irlanda e a Coreia do Sul tinham experimentado nos últimos 30 anos. A Unesco, por sua vez, realizou um seminário, em 2003, em que esses quatro países foram convidados a expor suas bem-sucedidas políticas para a educação básica.

Tendo como objetivo apresentar os principais aspectos responsáveis pelo sucesso das reformas educacionais implantadas na década de 1980 na Espanha, publicamos recentemente um livro (1), em que destacamos dois tópicos: aperfeiçoamento ou educação continuada dos professores da educação básica e gestão democrática das escolas. À luz desse estudo, é possível chegar a algumas conclusões a respeito da política de educação básica implementada no Brasil, na década de 1990, e apresentar sugestões que podem contribuir para melhorar a qualidade da educação básica do país hoje, em especial no ensino médio.

No primeiro capítulo da presente obra oferecemos um panorama do sistema educacional que passou a vigorar após a ditadura militar na Espanha e das duas primeiras leis da reforma educacional aprovadas durante o primeiro governo do Partido Socialista Operário Espanhol (PSOE).

O segundo capítulo é dedicado ao detalhamento dos dois tópicos da reforma educacional espanhola acima destacados.

No terceiro capítulo são apresentadas as políticas educacionais brasileiras relativas a esses dois tópicos. O aperfeiçoamento dos professores e a gestão democrática foram também temas de destaque nas mudanças educacionais introduzidas no Distrito Federal entre 1995 e 1998 e, por essa razão, são discutidos nesse capítulo.

O último capítulo traz sugestões para a melhoria da educação brasileira.

Capítulo 1
A legislação educacional na Espanha após a Constituição de 1978

Depois de 40 anos de duríssima ditadura, a sociedade espanhola conseguiu voltar ao exercício do diálogo durante a transição democrática, quando foram assinados os Pactos de Moncloa (1977). A consolidação desse diálogo se deu com o acordo dos partidos políticos no Parlamento, estabelecendo as regras do convívio democrático e dando vida à Constituição de 1978.

Segundo Puelles (2):

> "Esses pactos são de notável importância porque assinalam o começo de uma política de acordo social entre o governo, o sindicato empresarial e os sindicatos de trabalhadores para enfrentar, conjuntamente e de forma consensual, os graves problemas derivados da crise econômica (...)
>
> Uma das finalidades principais dos Pactos de Moncloa foi a implementação de uma política de contenção salarial. A oposição solicitou, em troca, uma série de contrapartidas sociais que, em relação à educação, centraram-se fundamentalmente nas seguintes: programa especial de criação de escolas públicas; elaboração do estatuto das escolas privadas, subvencionadas pelo governo; aprovação do estatuto do professor; melhoria da qualidade do sistema educacional e incorporação das línguas nacionais no currículo.
>
> De todas as contrapartidas exigidas, somente a primeira e a última foram cumpridas. De fato o ensino público foi beneficiado com investi-

mentos no valor de 40 bilhões de pesetas, entre 1977 e 1979, o que significou praticamente duplicar os orçamentos de investimento durante esses três anos".

Era de se esperar que o fim dos 40 anos de ditadura fosse marcado por algum sinal que servisse de alerta para as gerações futuras sobre o sofrimento experimentado pelo povo espanhol em razão de decisões anteriores – cuja discussão não caberia aqui – que acabaram privando a nação do grau de desenvolvimento social e cultural alcançado pela maioria dos países democráticos, em especial os europeus. Esse sinal, que deveria marcar a posição de repúdio à situação da qual a sociedade estava se libertando, veio com muita força e de forma radical: a intransigente reivindicação de democratização da sociedade. Mas a democratização da sociedade passava também pela democratização da educação. Nas palavras de Llorente (3):

> "O fio condutor da escola durante as últimas três décadas não foi outro senão o vigoroso esforço pela democratização do sistema educacional.
> Esse propósito de democratizar o ensino se inseriu, como é óbvio, num projeto que passa por várias gerações, se encontra de certa forma inacabado, e é mais amplo: a democratização do país. Tornar finalmente realidade a antiga aspiração, tantas vezes frustrada, de europeizar a Espanha".

A aspiração de europeizar a Espanha estava muito presente nos anos 1960 e início de 1970. A chegada maciça de estrangeiros ao território espanhol, com o início da explosão do turismo, e a impossibilidade da maioria dos espanhóis de fazer essa viagem em sentido contrário marcaram muito fortemente a geração dos jovens (ao redor dos 20 anos) da década de 1970. Mas não era só a questão do turismo; a aspiração de europeizar a Espanha se concretizava no desejo de construir um Estado de Bem-Estar Social semelhante ao dos países da União Europeia, de garantir uma democracia representativa estável, de conseguir uma convivência respeitosa e independente entre o Estado e a Igreja Católica e no reconhecimento, sem grandes tensões, da necessidade de elaborar os estatutos das regiões autônomas. Resumindo: ingressar na antiga Comunidade Europeia e deixar de ser um país periférico europeu, essa era a grande aspiração!

Essas aspirações típicas da classe média eram aparentemente partilhadas por muito mais pessoas nos últimos anos do governo Franco e durante a transição. É claro que isso não eliminava os conflitos de classe que existiam e ainda existem e, sobretudo, as tensões políticas que emergiam constantemente na discussão sobre o grau de autonomia que teriam as Comunidades Autônomas.

Para que a aspiração se tornasse realidade, a palavra mágica era modernizar. No caso da educação e tomando como referência os países europeus, seria necessário melhorar muito os indicadores educacionais, aumentar a escolarização, que ainda apresentava níveis muito baixos, e obviamente democratizar a educação. O índice de analfabetismo atingia 11% da população total, em 1975, enquanto o Produto Interno Bruto (PIB) do país ocupava a nona colocação no *ranking* mundial. Essas eram as tarefas mais importantes que os governantes tinham pela frente: partir de um modelo político, econômico, social e cultural muito atrasado, apesar da "modernização" da ditadura durante os últimos anos de sua existência, e chegar ao estágio de desenvolvimento dos países europeus. A seguir são apresentados os problemas existentes na época da transição na visão do professor Puelles (4):

"O problema da escolarização das crianças

De todos os níveis indicados na Lei Geral da Educação, de 1970, a educação pré-escolar tem sido, sem dúvida, a mais desprezada e a mais necessitada de atenção imediata. Superada aquela concepção pedagógica tradicional, que indicava os seis anos como a idade mais propícia para iniciar o processo de aprendizagem, a tendência atual tem imposto, de fato, a escolarização da criança mais cedo, como consequência de fatores sociológicos novos: a urbanização crescente, a incorporação da mulher casada ao mercado de trabalho e o aparecimento da família nuclear e monoparental. Além disso, a pedagogia atual insiste em que só a educação pré-escolar pode compensar as desigualdades culturais de origem familiar, intimamente ligadas ao nível de renda. (...) O certo é que, pressionado pelas obrigações derivadas da ampliação da educação básica, o Estado pouco fez para implementar essa medida.

(...) Com efeito, a escolarização pública, acelerada a partir de 1968, teve de recorrer a medidas excepcionais, como adaptação de locais comerciais, galpões industriais, escolas pré-fabricadas de má qualidade, sistema de turno duplo etc.

O problema da qualidade da educação

Talvez o problema da qualidade do ensino tenha sido o mais importante para a Espanha no ano 2000. Até 1974, a administração educacional se viu sobrecarregada pelo problema da escolarização em nível obrigatório da educação geral básica. Resolvida a escolarização e atacado o déficit funcional pelos Pactos de Moncloa, a qualidade do ensino apareceu como um objetivo prioritário.

Como é sabido, não é fácil hoje medir a qualidade do produto educação. No entanto, existem indicadores que podem lançar alguma luz sobre o ensino das escolas. Referimo-nos à relação alunos/professor, à situação física das escolas, às taxas de evasão escolar, ao número e à qualidade dos professores, aos planos e programas de estudo etc. A esse respeito parecia haver, em 1975, um consenso generalizado da opinião pública sobre o baixo rendimento escolar, dos estabelecimentos de educação públicos, em primeiro lugar, mas dos privados, também. Em outras palavras, a qualidade do ensino no sistema educacional espanhol era insuficiente".

É importante registrar que, nos anos da transição, o mundo estava imerso em uma crise econômica de grandes proporções, em consequência do primeiro grande choque do petróleo, ocorrido em 1973. Por isso, um dos objetivos desses pactos era criar uma política de contenção salarial mediante contrapartidas sociais.

Apesar das dificuldades havidas durante a transição, podemos dizer que ela foi extremamente eficiente do ponto de vista político, pois serviu para trabalhar consensos, muito úteis na elaboração da Constituição de 1978.

As duas leis aprovadas durante o primeiro governo do PSOE, iniciado em 1982, a Lei Orgânica do Direito à Educação (Lode) e a Lei Orgânica de Ordenação Geral do Sistema Educacional (Logse), corresponderam ao conjunto de propostas de mudanças para a educação, dentro do programa de governo apresentado durante a campanha eleitoral. Posteriormente, após a saída do primeiro governo socialista e durante o governo do Partido Popular, foi aprovada a Lei Orgânica da Qualidade da Educação (Loce), que não chegou a entrar em vigor em razão da vitória dos socialistas. Durante o primeiro mandato destes, entre 2004 e 2008, uma nova lei foi aprovada, com o nome de Lei Orgânica da Educação (LOE).

Lei Orgânica do Direito à Educação (Lode)

A Lode tem importância fundamental porque regula a participação dos diversos atores envolvidos na educação – professores, pais, alunos e funcionários não docentes – nos vários órgãos criados com o objetivo de democratizar a educação. A participação se inicia no Conselho Escolar da escola e chega ao Conselho Escolar do Estado. A lei estabelece também, pela primeira vez, a participação, no ensino, dos atores envolvidos, considerando-o uma competência compartilhada entre o Estado e as Comunidades Autônomas.

A Lode também estabelece o direito à escolha da escola, por parte dos pais, e o direito de seus filhos receberem uma formação religiosa de acordo com suas convicções.

Com essa lei, o governo tenta garantir uma formação para a cidadania, em que o aluno começa a conhecer suas responsabilidade na eleição dos dirigentes. Ao mesmo tempo tenta garantir uma espécie de autogoverno das instituições, ainda que muito tênue e sobretudo porque a lei não faz menção a recursos financeiros nem a recursos humanos.

Lei Orgânica de Ordenação Geral do Sistema Educacional (Logse)

A Logse foi publicada em 1990, oito anos após o governo socialista chegar ao poder. Na realidade, essa demora, se é que se pode chamá-la assim, se deveu a dois diferenciais, que precisam ser registrados. O primeiro refere-se à opção dos socialistas por fazer uma experimentação, antes de elaborar a lei, com aquilo que pretendiam que a reforma fosse. O segundo diferencial é o debate que precedeu a elaboração da lei.

Não cabe discutir neste espaço os dois diferenciais, pois a proposta desta publicação é outra, já definida na apresentação. No entanto, o processo utilizado para implantar as reformas foi bastante pedagógico, e muito ricas as discussões que ele engendrou.

Para efeito de esclarecimento, no caso espanhol, a educação básica compõe-se do ensino fundamental e do ensino médio obrigatórios. Ela corresponde à educação obrigatória, com duração de 10 anos, que começa aos 6 e se estende até os 16 anos de idade.

Já no caso brasileiro, a educação básica compreende a infantil, a fundamental e o ensino médio, aqui incluída também a formação profissional. A educação obrigatória se inicia aos 6 e se estende até os 14 anos e é gratuita.

A Logse determina ao governo que fixe os conteúdos mínimos para garantir uma formação comum a todos os alunos e a validade em todo o território dos títulos correspondentes. Esses conteúdos mínimos não podem exceder 55% dos horários escolares no caso das Comunidades Autônomas que têm língua diferente do castelhano e 65% no caso daquelas que não a tenham diferente.

A garantia da existência de um programa comum a todos os estudantes, embora com ligeira diversificação de conteúdos nos últimos anos, propiciará a existência de uma escola unificada (expressão adaptada para traduzir a expressão espanhola *escola compreensiva*, que por sua vez tem origem na expressão inglesa *comprehensive school*. Essas expressões indicam uma escola que não segrega (5), que não seleciona prematuramente e na qual, portanto, o ensino é comum a todas as crianças).

Embora a educação obrigatória se prolongue até os 16 anos, é permitido que os alunos permaneçam até os 18 para concluir essa etapa. **Essa diferença é marcante em relação ao Brasil, pois aqui não há limite de idade para concluir qualquer etapa de ensino, uma das causas da enorme defasagem entre idade e série nos estabelecimentos escolares.**

As maiores diferenças entre a estrutura do ensino brasileiro e a do ensino espanhol acontecem no ensino médio. Por essa razão procuraremos detalhar mais essa etapa.

Ensino médio

Essa etapa compreende o ensino médio obrigatório, entre os 12 e os 16 anos de idade, a qual completa a educação básica após o ensino primário; o ensino médio pós-obrigatório, a partir dos 16 anos; e a formação profissional específica. O quadro das páginas 16 e 17 mostra um esquema da educação básica relacionada com a idade. O que interessa, no quadro, para este trabalho, é o que está debaixo de "regime geral".

Ensino médio obrigatório

O ensino médio obrigatório tem como finalidade transmitir aos alunos os elementos básicos da cultura e formá-los para assumir seus deveres e exercer seus direitos e prepará-los para que se incorporem à vida ativa ou se submetam à formação profissional específica de nível médio ou ao ensino médio pós-obrigatório.

Essa etapa dura quatro anos letivos, é formada por dois ciclos de dois anos e oferecida por área de conhecimento. No segundo ciclo, especialmente no último ano, algumas áreas podem ser optativas, bem como sua organização em disciplinas.

A organização dos docentes deve atender à pluralidade de necessidades, aptidões e interesses dos alunos. As autoridades educacionais dos governos regionais, dentro da legislação em vigor, devem favorecer a autonomia das escolas no que tange à definição e ao programa das disciplinas optativas.

A avaliação do ensino médio obrigatório é continuada, isto é, não há exames ou testes ao longo do ciclo. O aluno que não é aprovado no primeiro ciclo dessa etapa deve permanecer nele mais um ano e, se é reprovado no segundo ciclo, só poderá ficar um ano a mais para tentar obter aprovação. Os alunos que atingem os objetivos da etapa se graduam no ensino médio e podem frequentar o pós-obrigatório e a formação profissional de nível médio.

Para os alunos que não atingem os objetivos do ensino médio obrigatório são organizados programas de garantia social, conforme indicado no quadro, que nada mais são do que cursos específicos de iniciação profissional que lhes proporcionem integração à vida ativa e posteriormente a continuação dos estudos, especialmente de formação profissional.

Ensino médio pós-obrigatório

Ele não está incluído na educação básica, mas é condição para o ingresso na universidade. Compõe-se de dois anos letivos, com modalidades diferentes, que proporcionam aos alunos uma preparação especializada. As modalidades possíveis são: Artes, Ciências da Natureza e da Saúde, Humanidades e Ciências Sociais e Tecnologia.

O ensino médio pós-obrigatório está organizado em matérias comuns, matérias próprias de cada modalidade e matérias optativas. As matérias comuns são: Educação Física, Filosofia, História, Língua Castelhana, língua oficial própria da Comunidade Autônoma correspondente e Língua Estrangeira.

Caso sejam aprovados em todas as disciplinas, os alunos recebem o título de *bachiller* e estarão aptos a fazer a prova de acesso aos estudos universitários, a qual, junto com as notas obtidas no *bachillerato*, determina se o candidato está ou não apto a cursar a universidade. O aluno também pode iniciar a formação profissional de nível superior, que dura menos que os cursos de graduação e é qualificada como técnica. É o caso, por exemplo, do curso de Engenharia Técnica Industrial.

Os professores que lecionam nessa etapa de ensino são os mesmos da etapa anterior.

Formação profissional

Para a Logse, a formação profissional capacita o aluno ao desempenho de distintas profissões. Inclui, também, cursos correspondentes à formação profissional inicial e atividades de inserção e reinserção de trabalhadores.

A formação profissional específica compreende um conjunto de ciclos de organização modular e duração variável, constituída por áreas de conhecimento teórico-práticas em consonância com os diversos campos profissionais. Os ciclos têm correspondência no nível médio e superior. É possível, mediante equivalências entre as disciplinas cursadas nessa etapa e as disciplinas do *bachillerato*, continuar estudos voltados para a universidade.

É possível também ingressar na formação profissional específica sem cumprir os requisitos acadêmicos estabelecidos, mediante uma prova regulamentada pelas administrações educacionais, que avalia o preparo dos candidatos.

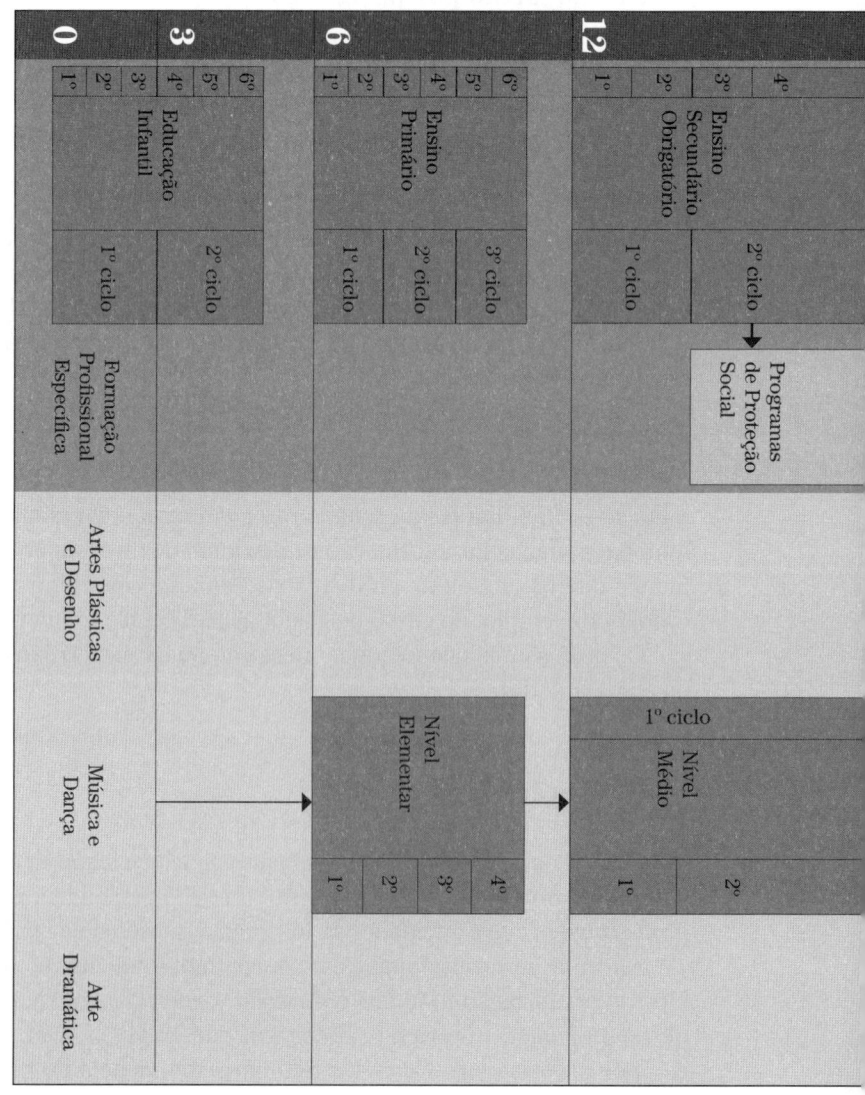

Dos professores de formação profissional específica são exigidos os mesmos requisitos daqueles do ensino médio. Para determinadas áreas ou disciplinas, podem ser contratados profissionais que atuem na área.

O sistema educacional dispõe dos recursos necessários para que os alunos com necessidades especiais, transitórias ou permanentes, alcancem os objetivos estabelecidos.

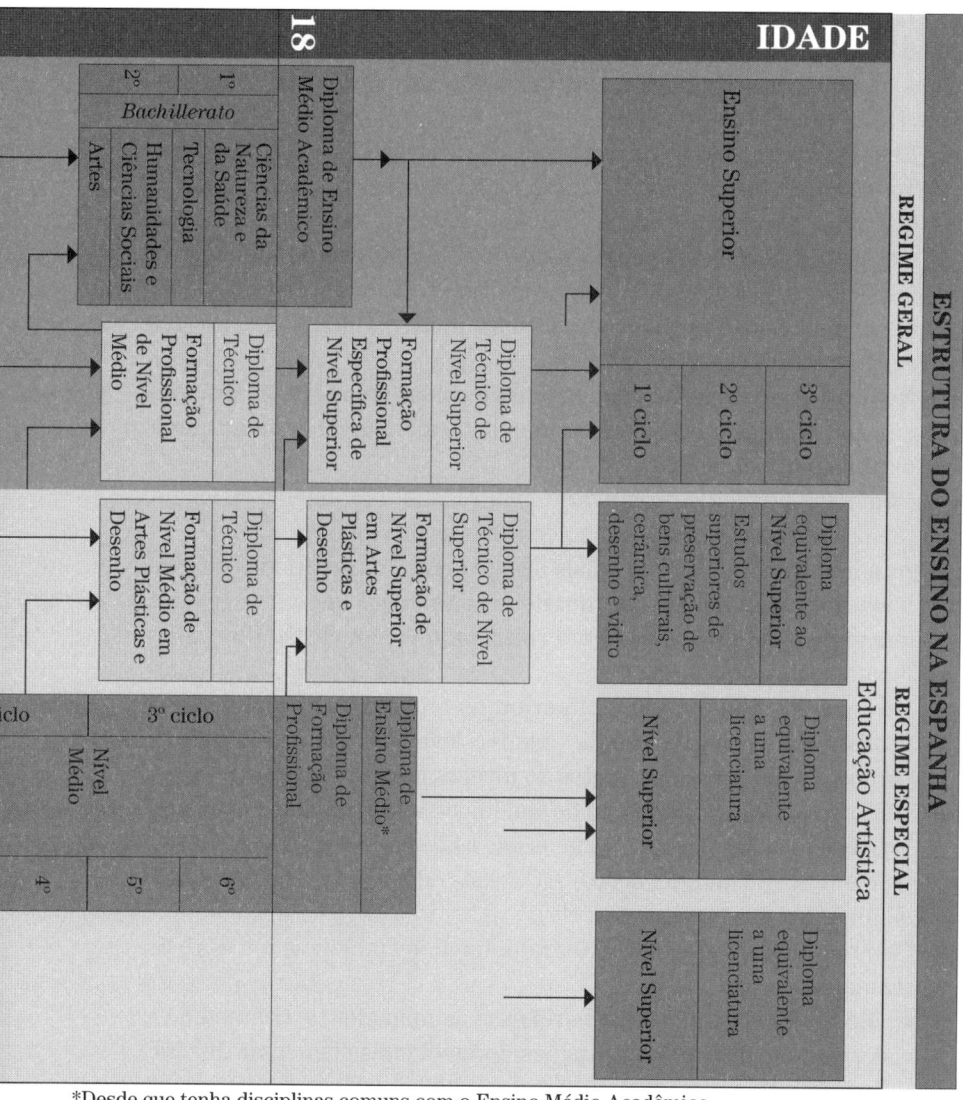

*Desde que tenha disciplinas comuns com o Ensino Médio Acadêmico.

Lei Orgânica da Educação (LOE)

A Lei Orgânica da Educação (LOE) não se diferencia muito da Logse, mas incorpora parte da Lode, alguns pontos da legislação proposta pelo governo anterior ao do primeiro-ministro, José Luis Zapatero, e mudanças promovidas por este último. Muitas delas referem-se à avaliação dos alunos, mas sempre mantendo o processo de avaliação continuada, que por essa razão não será aqui mencionada.

Com relação à educação básica, enfatiza-se a atenção à diversidade: "Sem prejuízo da garantia de uma educação comum ao longo da educação básica para todos os alunos, se adotará a atenção à diversidade como princípio fundamental. Quando a diversidade requeira, serão adotadas medidas organizativas e curriculares pertinentes, segundo o disposto na presente Lei".

Ressaltamos algumas das principais mudanças relativas ao ensino médio:
- Todos os alunos devem cursar, ao longo dos três primeiros anos, a disciplina Educação para a Cidadania e os Direitos Humanos, em que se dá atenção especial à igualdade entre homens e mulheres;
- Os alunos também podem cursar, ao longo dos três primeiros anos, alguma disciplina optativa, dentre elas uma segunda língua estrangeira e cultura clássica;
- No quarto ano, todos os alunos têm de cursar uma série de disciplinas obrigatórias e mais três de uma lista, além de pelo menos uma disciplina optativa;
- Com a finalidade de promover o hábito da leitura, dedica-se algum tempo a essa prática no ensino de todas as disciplinas;
- As administrações educacionais devem organizar programas de qualificação profissional inicial, dirigidos aos alunos maiores de 16 anos que ainda não tenham obtido o certificado de conclusão do ensino médio obrigatório;
- Para o caso citado no item anterior, os programas de qualificação profissional inicial têm como objetivo levar os alunos a atingir as competências correspondentes ao nível mais elementar da atual estrutura do Catálogo Nacional de Qualificações Profissionais (o Catálogo Nacional de Cursos Técnicos que está sendo introduzido agora, pelo Ministério da Educação – MEC –, na educação profissional brasileira, é muito semelhante a ele);
- Os programas de qualificação profissional inicial incluem três tipos de módulos:
  a) Módulos específicos que se referem às unidades de competência correspondente às qualificações do nível mais elementar do citado Catálogo;

b) Módulos formativos de caráter geral, que ampliem competências básicas e favoreçam a transição para o mundo profissional;

c) Módulos de caráter voluntário, para os alunos que se encaminham para a graduação na educação secundária obrigatória, que podem ser cursados simultaneamente com os módulos dos dois itens anteriores;

- Os alunos que passam nos módulos obrigatórios desses programas recebem um certificado reconhecendo as competências profissionais adquiridas em relação ao Sistema Nacional de Qualificações e Formação Profissional;
- No caso do ensino médio pós-obrigatório, os alunos têm, no máximo, quatro anos para obter aprovação nos dois anos de que se compõe essa etapa;
- Essa etapa abrange as seguintes modalidades: Artes; Ciências e Tecnologia; Humanidades e Ciências Sociais.

Apesar das diversas mudanças aqui apresentadas entre a Logse e a LOE, é perceptível que nenhuma delas altera a estrutura estabelecida na implantação da primeira lei. A diferença, no caso da educação profissional, é que a Logse não traz as competências profissionais dentro da estrutura do Catálogo Nacional de Qualificações Profissionais.

Evolução do sistema educacional

Analisando dados da educação básica e superior na Espanha num período de 35 anos, verificamos avanços significativos, o que justifica plenamente o interesse de alguns setores da sociedade brasileira pela educação espanhola. De país "atrasado" que era, na década de 1970, se comparado com os países da Europa, chama a atenção hoje seu grau de desenvolvimento.

Isso não significa que inexistam problemas na educação, sejam eles de financiamento ou de qualidade, ou mesmo de escolarização. Certamente os problemas atuais são muito menores que os de antigamente, embora as soluções requeridas não sejam simples.

Começaremos mostrando uma comparação de dados entre a educação na Espanha na década de 1970 e a de hoje.

"O sistema educacional nos anos finais da década de 1970 se apresentava da seguinte maneira: o número de alunos que concluíam a educação obrigatória, aos 14 anos, nas escolas públicas, era de 70,2%, e a taxa de evasão escolar, de 14,3%. Nos estudantes que optavam pelo ensino médio unificado (etapa existente na antiga Lei Geral da Educação, de 1970), a evasão atingia cerca de 48%. Já o abandono entre aqueles que iniciavam a educação profissional no primário (na citada Lei Geral da Educação, existia essa opção no primário) era de 57,7%, e os que abandonavam a formação profissional de nível médio era de 31,8%. Foi essa a situação apresentada ao governo do PSOE quando este chegou ao poder." (6)

No período da transição democrática, a educação experimentou um grande impulso, fruto dos acordos políticos firmados na época. Mediante os Pactos de Moncloa, o investimento em educação passou a 2,5% do PIB, em 1975, e de 3,7% do PIB, em 1979, o que representou um aumento de quase 50%.

Segundo Tiana (7), a educação infantil, no ciclo de três a seis anos, teve um crescimento muito significativo durante a década de 1980. Em 1985, praticamente todas as crianças de cinco anos frequentavam a escola; em 1991, perto de 95% das crianças de quatro anos já eram escolarizadas. Em 2003, a taxa de escolarização em crianças de três anos estava próxima de 95%. No ensino médio, o progresso também foi significativo: em 2000, a parcela da população entre 15 e 19 anos que estudava era de 79,5%; em 1960, era somente de 13%.

A título de exemplo, apresentamos alguns dados mais recentes (tabela 1), que mostram os resultados da estratégia para o desenvolvimento educacional: investimento na escolarização de crianças a partir dos 3 anos.

Tabela 1 – Taxa de escolarização (%) de crianças e jovens sem atraso escolar

Idade (anos)	Educação infantil	Educação primária	Educação especial	Ensino médio obrigatório	Ensino médio pós-obrigatório	Ensino profissional nível médio	Ensino profissional nível superior
3	95,8	0,1	–	–	–	–	–
4	99,8	0,2	–	–	–	–	–
5	99,6	0,2	0,2	–	–	–	–
10	–	99,6	0,4	–	–	–	–
14	–	0,0	0,5	99,5	–	–	–
17	–	–	0,5	10,7	50,9	12,9	0,1

Fonte: Dados Estatísticos e Indicadores do MEC (Espanha), 2006, ano 2003-2004.

Os dados apresentados na tabela impressionam, pois mostram a quase total universalização escolar das crianças de três anos e a universalização das de quatro e cinco anos. É evidente que esse resultado tem uma influência muito grande no desempenho dos alunos em anos subsequentes, no ensino fundamental e no médio.

Resultados em avaliações internacionais

O Programa Internacional de Avaliação de Estudantes (Pisa), de 2003 (8), conclui o seguinte, sobre os resultados apresentados pelos alunos espanhóis:
a) correspondem ao nível de desenvolvimento econômico e cultural e ao nível de investimento, nos últimos anos, na Espanha.
b) estão um pouco abaixo da média da Organização para a Cooperação e o Desenvolvimento Econômico (Ocde) (485 contra 500), sendo parecidos com os de Eslováquia, Noruega, Luxemburgo, Polônia, Hungria, Letônia e Estados Unidos e superiores aos de Itália, Grécia e Portugal.
c) o sistema educacional espanhol mostra um bom grau de equidade, pois produz entre os alunos diferenças de rendimento menos marcantes que outros sistemas educacionais de países desenvolvidos.
d) a Espanha encontra-se bem situada quanto à equidade conseguida no seu sistema educacional e deveria se esforçar por melhorar o rendimento para obter maior excelência.

Gimeno Sacristán (9) faz a seguinte avaliação das críticas surgidas na imprensa espanhola, em razão dos resultados obtidos pelos estudantes espanhóis, no teste Pisa:

> "As dificuldades detectadas não revelam nada de novo. De nada vale lembrar um passado idílico que não existiu [o autor refere-se às lembranças das escolas boas que existiam antigamente, mas que, na realidade, só eram boas porque atendiam a pouquíssimas pessoas, sempre oriundas da elite], perdendo a memória da realidade que existiu. O fracasso escolar não foi descoberto agora, nem é exclusivo do nosso sistema. Apesar dele, o nível educacional da população aumentou. Mais gente educada, menos analfabetos, maior grau de escolarização. A consequência é que, se o ensino médio atinge uma população maior, a qualidade da educação, no conjunto da sociedade, não pode ter deteriorado. O que pode ter deteriorado é a imagem que alguns tinham do sistema, e também pode ter aumentado a frustração de quem esperava que a expansão da escolarização transcorresse natural e automaticamente, como uma resposta do sistema da época em que ele era muito mais seletivo".

Podemos concluir que houve uma melhoria significativa no sistema educacional espanhol; apesar de a qualidade ser considerada mediana, quando comparada com a dos países mais desenvolvidos, seu nível de igualdade equipara-se ao dos países que obtiveram os melhores resultados.

Um relatório da Ocde (10), posterior ao Informe Pisa 2003, relativo ao investimento dos países em educação, diz o seguinte, sobre a educação espanhola:
- Há um investimento, por aluno, menor do que a média dos países da Ocde, por etapa e nível de educação;
- Houve uma diminuição do percentual de investimento em relação ao PIB, entre os anos de 1995 e 2003;
- O investimento em professores é maior do que a média dos países da Ocde.

Já em relação à qualidade, o relatório afirma:
- As novas gerações de jovens estão recebendo mais educação do que as gerações mais velhas;
- Os níveis obtidos na educação secundária ainda são mais baixos do que os da média dos países da Ocde, embora essas diferenças estejam diminuindo;
- Os níveis da educação superior são maiores do que aqueles da média dos países da Ocde.

O informe da Ocde confirma que a educação espanhola avançou muito nos últimos 30 anos, embora ainda apresente índices inferiores aos da média dos países daquela entidade.

Capítulo 2
Alguns aspectos da legislação espanhola

Na legislação apresentada no capítulo anterior, dois aspectos merecem destaque, fruto do estudo desenvolvido no trabalho de pesquisa citado em (1): a formação permanente dos professores, por meio da implementação dos Centros de Professores, e a institucionalização da participação de pais, alunos, professores e servidores na gestão escolar.

O fato de ressaltarmos somente esses dois aspectos não significa que vários outros não pudessem ser incluídos, caso da obrigatoriedade da escola até os 16 anos, da avaliação dos alunos e do tratamento à diversidade. No nosso entender, no entanto, esses dois são prioritários.

Formação permanente dos professores

Seria muito mais lógico que, antes de apresentar a formação permanente dos professores, apresentássemos sua formação inicial. Acontece que essa era e continua sendo – mesmo depois da nova legislação – um dos pontos fracos da educação espanhola, especialmente no caso do ensino médio. Muitas mudanças foram feitas, mas nenhuma afetou de modo significativo os fundamentos da formação inicial.

Antes, as licenciaturas eram baseadas no conhecimento específico (Matemática, Física, Química, por exemplo), sendo posteriormente complementadas com um cursinho que não contemplava sequer a formação prática dos futuros professores. Com a adequação da educação superior ao Espaço Europeu Universitário, as novas licenciaturas para a formação de professores passam a ter duração de quatro anos e, para assumir uma sala de aula, é necessário frequentar ainda um curso de pós-graduação, com duração de um ano, que inclui a prática docente.

É possível que os legisladores, conhecendo a fragilidade dessa formação inicial, tenham dado especial atenção à formação permanente. A formação permanente ou continuada é tratada na lei como um direito e uma obrigação de todos os professores e uma responsabilidade das administrações educacionais e das escolas. Isso significa que os professores devem realizar periodicamente atividades de atualização científica, didática e profissional em centros docentes, em instituições formativas específicas, em universidades e, no caso da formação profissional, também em empresas.

Para isso, as administrações educacionais devem planejar as atividades necessárias à formação permanente dos professores e garantir uma gama diversificada e gratuita de opções. Devem ser estabelecidas medidas para facilitar a participação dos professores nessas atividades. As administrações programarão projetos específicos, mediante acordos com as universidades, para facilitar o acesso a cursos de pós-graduação, que permitam a mobilidade entre os diferentes níveis educacionais, incluído o universitário.

A lei ainda prevê que as administrações educacionais fomentem os programas de formação permanente dos professores mediante a criação de centros ou institutos, contando com a colaboração das universidades, da administração local e de outras instituições.

A importância que a Logse dá à formação continuada dos docentes é fruto da experiência feita durante o primeiro governo socialista, de 1982 a 1986, quando foram consideradas as reivindicações de grupos de professores que tinham realizado uma renovação pedagógica durante os últimos anos da ditadura. Tais práticas foram reconhecidas e mesmo incentivadas, trazendo enorme motivação para os professores. Foram então criados os Centros de Professores, que são uma adaptação das instituições de mesmo nome que proliferaram no Reino Unido durante a década de 1970 e se espalharam por diversos países.

Essa forma de legislar também é uma grande novidade, pois a lei está consolidando uma experiência positiva, contrariamente ao que fazem muitas leis, que são elaboradas sem que se saiba se poderão ser implementadas ou então permanecem como letra morta.

Centros de Professores (CEPs)

O Real Decreto 2.112/1984 (11) faz referência à experiência citada:

> "A experiência dos últimos anos e a própria evolução de nosso sistema educacional e das orientações que o presidem aconselham conciliar e superar as duas vias pelas quais se desenvolvia o aperfeiçoamento dos professores, baseada, uma, na iniciativa autônoma de diversos grupos de docentes preocupados com a qualidade da educação, e constituída, a outra, por programas institucionais nem sempre sensíveis àquelas inquietudes: duas vias paralelas, porém sem conexão e dissociadas quanto a objetivos e métodos".

Os Centros de Professores são instrumentos voltados para o aperfeiçoamento dos professores e o fomento da profissão, bem como para o desenvolvimento de atividades de renovação pedagógica e divulgação de experiências educacionais, direcionados para a melhoria da qualidade do ensino.

Os Centros de Professores, conforme indicado no citado decreto, têm também as seguintes funções:
- Executar os planos de aperfeiçoamento dos professores aprovados pela administração educacional;
- Realizar atividades de participação, discussão e difusão das reformas educacionais propostas pela administração;
- Desenvolver iniciativas de aperfeiçoamento e atualização propostas pelos professores ligados ao Centro;
- Promover a equilibrada adequação dos conteúdos dos planos e programas de estudo às particularidades do meio;
- Promover o desenvolvimento de estudos aplicados, dirigidos ao conhecimento da realidade educacional e dos recursos pedagógicos e didáticos disponíveis.

O Centro tem um diretor, nomeado pelo Ministerio de Educación y Ciencia (MEC), por indicação de um conselho, do qual fazem parte: representantes dos professores do Centro, representantes da administração educacional e das administrações autonômicas ou locais. O diretor será o presidente e terá um mandato de três anos. Dentre as funções do conselho estão:
- Elaborar os planos anuais das atividades do Centro, estimular e supervisionar sua realização e avaliar seus resultados;
- Elaborar e aprovar o orçamento do Centro, bem como controlar sua execução;

- Propor a nomeação do diretor do Centro;
- Elaborar regimento do Centro;
- Estabelecer relações de colaboração com outros Centros de Professores e com centros docentes para o cumprimento de seus objetivos.

O MEC poderá estabelecer convênios com comunidades autônomas e entidades locais e também com outras entidades públicas e privadas para efeitos de criação e funcionamento dos Centros de Professores.

A criação dos Centros de Professores se efetuará de acordo com as disponibilidades estabelecidas no orçamento anual para essa finalidade.

A experiência dos Centros de Professores

Embora o decreto de criação dos Centros não tenha sido acompanhado de uma proposta financeira, o Estado garante um Centro para a administração regional e um bom apoio, que inclui bibliotecas, recursos audiovisuais e professores para a criação da estrutura e do funcionamento. Ou seja, se apostou bastante nesses Centros como forma de oferecer uma boa formação permanente. Nos primeiros anos de governo, entre 1984 e 1987, uma centena de Centros chegou a ser construída. No entanto, com a crise financeira enfrentada pelo governo socialista, de 1990 a 1994, e com a entrada no poder do Partido Popular e, principalmente, com a descentralização da educação para as administrações autônomas, em 2000, as atividades desses Centros passaram a ter finalidades diferenciadas, o que dificulta uma visão global deles no momento.

Em relação aos CEPs, o professor Eustáquio Martín, em entrevista, assim se expressa (12):

> "(...) Os socialistas perceberam que seria muito difícil implementar uma reforma da formação inicial dos professores; por essa razão começou a ser trabalhada uma formação permanente dos professores (...).
>
> (...) Com o passar do tempo, em 1989, houve deterioração dos Centros, principalmente pela falta de recursos, porque o Ministério não percebeu que era necessário muito dinheiro para investir na formação e que, ainda assim, não havia gente preparada no país para assumir a direção dos Centros. (...) A partir daí, o MEC pretendeu ter maior controle sobre os Centros e estabeleceu um marco referencial, quando primeiro articulou um planejamento da formação, em que o Ministério definiu as linhas básicas, sendo uma parte obrigatória e cabendo aos próprios Centros elaborar a outra parte, dentro da autonomia institucional.

(...) A proposta da reforma era vincular os Centros às universidades, mas (...) os Centros argumentavam que da forma anterior era muito melhor, já que eles conheciam de forma concreta as necessidades de cada um para a formação dos professores, enquanto as universidades, que desconhecem os problemas, estão mais longe da realidade e, portanto, não atendem aos desafios que se apresentam no dia-a-dia dos Centros.

(...) A partir dos anos de 1990, a formação continuada começou a ser implantada nas próprias escolas e logo depois começou a ficar descaracterizada, pois começaram a ser oferecidos cursos conforme o menu apresentado por elas. No início, as escolas se reuniam para fazer uma revisão crítica do que era feito, como estavam sendo avaliadas, quais eram os avanços, as deficiências e, a partir daí, se fazia o modelo de formação que era necessário. Com o passar do tempo, a realidade mudou, e as solicitações se tornaram individualizadas, o que contrastava com o que se pretendia.

(...) Embora os efeitos desse tipo de política sejam muito lentos, a imagem dos Centros de Professores ficou marcada na mente das pessoas. Tem gente que trabalha de forma diferente, que aprendeu a necessidade de questionar ou que percebeu também que poderia ser mais criativo, enfim, tudo isso está começando a surgir agora.

(...) O que faltou, por parte da administração, foi uma avaliação tanto do processo quanto da situação em que iam ficando os Centros.

(...) De fato, os efeitos não são imediatos e é necessário esperar oito, dez ou doze anos para que eles apareçam, mas numa atividade política é muito difícil haver paciência e, ainda mais, tempo suficiente para ver os resultados onde se realizou o trabalho, onde se investiu ou se realizou a obra. Provavelmente, eles serão colhidos por outros que não os que puseram as políticas em jogo. Depois caberá a estes a decisão sobre a continuidade ou não das políticas. No caso do Partido Popular, ele não teve coragem de fechar os Centros, o que é um sinal de que estes têm força. No entanto, aconteceram mudanças, como aqui em Madri, onde todos os diretores e suas equipes foram mudados. Já não existe eleição de diretor. Hoje, em Madri, é o Conselho do Centro que escolhe o diretor, em função do mérito, e com isso se tem uma política de maior intervenção e controle. Na realidade foi esquecida a cultura que existia nos Centros, de planejamento, de avaliação, de prestação de contas. Foi mudando tudo, até o nome, hoje é Centro de Apoio. Os professores também reclamam porque antes era Centro de Professores, o Centro deles".

Segundo Zabaleta (13), seria preciso vencer algumas dificuldades para que os Centros pudessem sobreviver. Uma delas, a preocupação das administrações de juntar as atividades de formação com a evolução da carreira profissional. Outra, seria a "mudança que a reforma propõe para que os professores passem de um ensino reservado às elites a um ensino destinado a 100% dos adolescentes até uma determinada idade, como é o caso espanhol, que a lei obriga a estudar até os 16 anos".

Esses desafios justificam a defesa da proposta de os Centros de Professores serem organizados por professores da educação básica e sob sua coordenação, pelo fato de que eles possuem mais conhecimento dos desafios e das dificuldades a serem enfrentados nas escolas do que os intelectuais e acadêmicos das universidades.

A discussão entre a formação permanente, baseada nas aspirações individuais dos professores, e a formação permanente centrada na escola é abordada por Gutiérrez (14):

> "A formação permanente, entendida como direito e dever dos professores, tem de ser necessariamente um meio para a melhoria do trabalho docente e, portanto, da qualidade da educação. As necessidades educacionais dos alunos devem determinar quais conhecimentos e quais habilidades são requeridos dos docentes para responder a elas. São essas as necessidades que têm de condicionar e dar sentido à sua formação permanente. O modelo formativo baseado em atividades, geralmente cursos, em que o professor recebe uma série de conhecimentos mais ou menos próximos à sua realidade como docente tem demonstrado absoluta falta de eficácia. É preciso defender a ideia de que a unidade de formação deve ser a escola. Não se trata de uma mudança na situação física da formação, mas uma mudança em sua metodologia, em seus objetivos e em seus protagonistas. A escola não é só um lugar onde os professores ensinam, mas também um lugar onde eles aprendem, já que o processo de ensino deve ser entendido como um processo de investigação dos professores, que é em si mesmo formativo e que os agentes externos devem favorecer.
>
> A formação centrada na escola, como aconteceu em outros países onde foi aplicada anteriormente, demonstrou sua eficácia e seu enorme potencial para gerar mudanças dirigidas a uma melhoria da qualidade do ensino, mas sua generalização exige recursos materiais e humanos".

É claro que nada disso irá funcionar se o professor não tiver vontade de participar da formação ou não houver um plano de formação elaborado pela direção da escola com a participação dos professores.

A experiência mostra que a grande maioria dos professores procura a formação permanente caso ela esteja relacionada a uma melhoria de seu desempenho na sala de aula. Também não é desprezível a quantidade de professores que participam de cursos rápidos, às vezes de final de semana, se com isso puderem incrementar seus rendimentos. A responsabilidade por essa opção deve ser creditada aos administradores educacionais, que incentivam esse tipo de cursinho, muitas vezes mais por ignorância e para diminuição de gastos do que pelos professores. Em muitos casos, os gastos com a formação saem do bolso deles.

O mais relevante no processo de formação permanente de professores é conhecer seus resultados em termos das mudanças na sala de aula. É saber se houve alguma alteração na prática cotidiana do professor e se ela teve consequências no aprendizado dos alunos. Se a resposta for positiva, poderemos dizer que a formação permanente teve sucesso. Não será simplesmente avaliando o que o professor aprendeu ou aproveitou do curso que poderemos avaliar a formação permanente.

De acordo com o trabalho de avaliação do MEC, elaborado pelo Instituto Nacional de Qualidade da Educação (Ince) (15), de 1988, especificamente a respeito da formação permanente, conclui-se o seguinte: "Os cursos de curta duração foram os mais frequentados pelos professores, apresentando uma avaliação positiva por dois terços dos consultados; os cursos longos, presenciais, dirigidos por conferencista e com trabalho prático também foram avaliados positivamente por quase dois terços dos professores consultados; a participação em congressos ou seminários é muito apreciada; porém, o meio de formação mais valorizado foi a autoformação nas escolas, refletindo com os colegas, aproveitando o espaço e o tempo de trabalho, assim como os projetos de inovação e investigação, ambos avaliados positivamente por três quartos dos professores consultados".

Hoje, a maioria dos países europeus trabalha com programas de formação permanente de professores e, em alguns países, ela é condição para a melhoria da qualidade da educação.

Democratização da escola

Em países em que regimes autoritários tiveram vida longa, é frequente que, ao término destes e ainda numa fase de transição, haja um enorme anseio da sociedade por democratizar as instituições, sejam elas políticas, sociais ou profissionais. Isso aconteceu na Espanha, em Portugal e no Brasil. Esse anseio, plenamente justificável, não está em contradição com o anseio por melhoria na qualidade do sistema educacional. Por esse motivo, as sociedades feridas e massacradas pelo autoritarismo priorizam, na volta à democracia, a democratização das instituições, já que essa é a única forma de abrir as portas para uma discussão sobre sua qualidade e outros assuntos de interesse da sociedade.

No caso espanhol não se pode esquecer a grande contribuição que os Pactos de Moncloa representaram na transição e na criação das bases para a Constituição de 1978. Foi nesse ato que ficou assegurada a participação de professores, pais e alunos no controle e na gestão dos centros mantidos com recursos públicos, caso das escolas públicas e das privadas, desde que conveniadas. Na ocasião foram envolvidos nessa ação todos os grupos políticos com representação parlamentar, além de governo, sindicatos patronais e sindicatos de trabalhadores. Dessa forma se definiu pela primeira vez um modelo alternativo de administração dos estabelecimentos educacionais.

A sociedade absorveu esse acordo, pois toda a legislação posterior a respeito da participação nas escolas está sendo mantida, embora existam avanços e retrocessos, dependendo dos partidos instalados no governo, especialmente quando se aborda a questão da escolha do diretor da escola.

É importante destacar que, apesar de o tema da descentralização política da Espanha, com todas as suas consequências, ser um dos maiores e mais delicados problemas enfrentados por todos os governos, curiosamente a gestão, ou o "governo das escolas", como se diz na Espanha, é levada ao nível decisório do governo central, e isso independentemente do partido que esteja no poder. Esse acordo, originário dos Pactos de Moncloa, transmite a firmeza da sociedade espanhola na democratização das instituições. É um princípio que transita horizontal e verticalmente, e não se questiona se deve ou não haver participação na administração das escolas.

A longa ausência de vida democrática na Espanha parece que reforçou nos espanhóis a ideia de que era necessário garantir uma democracia estável e duradoura. Para assegurar essa condição, nada melhor do que educar na democracia, ou seja, aprender e praticar a democracia para que ela se enraíze e se transforme em um valor pelo qual as pessoas achem que vale a pena lutar.

Puelles (16) apresenta sua visão acerca do problema:

> "É possível uma democracia sólida e estável sem o apoio de uma população instruída? Essa indagação, que já se fizeram com toda a profundidade nossos liberais de Cadiz [os deputados das Cortes, ou Parlamento, instaladas inicialmente na cidade de Cadiz], tem de ser respondida, hoje, negativamente à luz da nossa própria história. Ainda mais que hoje, a democracia, o regime político que iluminou um novo reinado, o da liberdade e o da igualdade, necessita mais do que nunca da educação. Porque as exigências atuais demandam imperativamente não só uma democracia formal, mas também uma

democracia real. Nesse sentido, um modo de viver que não se esgote na pura emissão do voto – abandonando todo o interesse posterior pelos assuntos públicos –, mas que suponha, ainda, a participação do cidadão em tudo aquilo que mais diretamente lhe diga respeito e lhe interesse. Trata-se, assim, de uma concepção ativa do cidadão como sujeito autônomo que, obviamente, emite seu voto, mas que também participa dos assuntos públicos.

Dentro dessa perspectiva, a democratização da educação era, talvez, um dos problemas mais urgentes e prioritários da transição. Pressupunha, em primeiro lugar, a democratização dos conteúdos do ensino. O exercício da democracia exige, por parte do cidadão, a aquisição de alguns saberes a respeito da coisa pública. A educação deve propiciar ao futuro cidadão os elementos suficientes e a preparação necessária para que ele possa julgar os acontecimentos políticos, econômicos, sindicais etc., e, em consequência, possa decidir plenamente a respeito dos assuntos diversos da comunidade onde mora.

Em segundo lugar, se a democracia é uma forma de vida baseada fundamentalmente na tolerância como virtude cívica e no espírito de convivência, de diálogo e de respeito à opinião alheia, se faz necessária e urgente uma pedagogia da democracia. Tais virtudes cívicas podem e devem ser ensinadas desde o berço, na família e na escola. Dessa forma, a escola se converte, paralelamente à família, em um instrumento adequado que não só transmite saberes, mas também atitudes democráticas, vividas na própria escola. As crianças aprenderão então a conviver, a se tolerar umas às outras, a respeitar a opinião dos demais, a buscar soluções no diálogo e não na força. Só assim a cultura se converterá em um motor de transformação social e de progresso.

Em terceiro lugar, a escola não pode continuar sendo uma ilha separada da comunidade onde se situa ou manter um comportamento estanque e alheio a todos aqueles que, de uma forma ou de outra, têm interesse na educação. A escola deve cumprir a função que lhe é atribuída pela sociedade democrática; deve ser uma comunidade aberta a todos os interessados no sistema educacional: alunos, pais, professores, forças sociais, autoridades públicas. Só quando se transformar em uma comunidade democrática, a escola poderá educar para a vida.

Por último, a democratização da educação deve levar em conta a participação de todos os elementos que integram o sistema educacional. Participação, portanto, no governo e na administração das escolas, participação que em nossos dias significa direção colegiada: determinação dos objetivos educacionais, regime interno dos Centros, distribuição dos recursos financeiros, seleção de professores etc. Participação, também, no planejamento educacional, que deve deixar de ser um assunto exclusivo dos especialistas para ser um assunto comum a todos (os especialistas seriam agora os assessores ou estimuladores de todo o processo, sendo a decisão última dos poderes públicos). Participação, por último, nos próprios órgãos da administração educacional a fim de que, efetivamente, a educação, como processo, seja uma tarefa comum a todos os que, de uma forma ou de outra, intervêm nos diferentes níveis de aplicação".

Considerações a respeito da participação na gestão escolar

Ao analisar as modificações havidas na legislação que regulamenta a organização e o funcionamento das escolas, podemos afirmar que a legislação que dava mais autonomia à escola era a inicial, a da Lode. Mas ela foi modificada para tentar garantir uma melhor participação dos diversos segmentos. Isso parece não ter surtido efeito, conforme constatação feita pelo Conselheiro Técnico do Conselho Escolar do Estado, Frias Del Vall (17):

"A participação dos professores na vida da escola e em particular no Conselho Escolar parece apresentar níveis razoavelmente elevados, sobretudo no que diz respeito à nomeação de representantes no Conselho Escolar, o que produz, sem dúvida, alguma satisfação. Em relação aos pais, sua participação nas escolas é muito pequena devido ao pouco envolvimento associativo que existe na nossa sociedade. A cultura do individualismo tem forte implantação e joga contra a presença do setor de pais e mães nos Conselhos Escolares. Além disso, a falta de tempo dos pais para dedicar às tarefas específicas como integrantes dos Conselhos Escolares dificulta sua participação. Isso gera baixa participação dos pais nas eleições para representantes nos Conselhos Escolares, situação que deverá ser corrigida no futuro, dada sua gravidade".

O segmento dos alunos tem maior participação nas eleições para os Conselhos Escolares do que o segmento de pais, mas mesmo assim se percebe que há setores de alunos que estão fora dessa dinâmica.

Todas as dificuldades encontradas para a participação dos diversos segmentos não podem reduzir a importância dada a esse envolvimento como forma de: "(...) impedir que a educação se transforme em patrimônio de um grupo social ou político qualquer, pois a formação da personalidade dos alunos requer o contato com os diferentes enfoques inseridos na sociedade, para que os processos de conhecimento, avaliação e posicionamento do aluno sejam um componente fundamental na construção da sua personalidade", conforme Del Vall (17).

De acordo com o mesmo autor (17): "A participação de professores, pais e alunos no órgão colegiado máximo é um fator que melhora a qualidade da educação oferecida nas escolas, uma vez que facilita a coordenação de ações entre a família e a escola e serve de instrumento didático para o aluno, ao favorecer a sensação de fazer parte de uma ação educativa comum em torno da escola".

Finalizamos essas considerações com a opinião da professora Teresa Bardisa, especialista em organização escolar e participação da comunidade na gestão escolar, durante entrevista a respeito da organização das escolas (18):

"O modelo de organização da eleição democrática dos diretores contido na Lode era bom, mas trouxe também alguns problemas. Houve pouco trabalho na formação das equipes dirigentes e na direção da formação continuada. Era dado um curso e imediatamente começavam a executar. Hoje, muitos professores não querem ser diretores. É uma situação conflitante na medida em que qualquer atitude que mostre a presença de autoridade, que é mais do que necessária num centro escolar, constrange os diretores porque a palavra autoridade está muito desgastada depois de um período de quase 40 anos de ditadura. Os professores costumam delegar todas as funções ao diretor. Não é difícil ouvir dos professores, dirigindo-se ao diretor: 'Mas é para isso que você recebe!'.

O trabalho de colaboração que toda reforma exige não é conseguido nem pelos professores nem pelas equipes dirigentes.

A participação da comunidade deixa a desejar. Mas, eu pergunto, como se dá a participação social na sociedade civil? Então, como queremos que saia dos centros escolares um núcleo de vida política, que não existe na sociedade civil como um todo? Nos anos prévios à transição, durante a mesma e até pouco tempo depois, se travava uma luta pela democratização do ensino e das instituições. Então, todos os atores sociais queriam estar nos Conselhos Escolares e, não resta dúvida, gente muito ativa e politizada participou deles. E, realmente, houve um caldeirão de atividades extracurriculares com grande participação, mas os professores não gostavam da participação externa dentro da escola, gostavam dela, mas fora dos 'muros' da escola. Então não se planeja espaço nem tempo para que os alunos aprendam a debater, a negociar, a estabelecer consensos. A única coisa que eles fazem é, no dia da votação, depositar o voto na urna, como uma mera formalidade.

No conselho, a queixa de alunos e pais é que falta debate, pois a pauta da reunião é distribuída na hora, deixando pais e alunos sem material para discussão e sem a posição do setor. Essa queixa tem a ver com outra, de alunos e professores, que é o abuso dos professores em relação à linguagem utilizada nos debates. Essa prática é utilizada para bloquear o debate democrático, mas isso, evidentemente, nunca é explicitado. Resumindo, os pais, de forma geral, priorizam dar algum dinheiro para atividades extracurriculares, nesse caso, os professores gostam da participação. Os alunos são excluídos do debate e assim, salvo raras exceções, os conselhos ficam despolitizados. No cotidiano da vida, também é assim, falamos de política, mas dela participamos pouco".

Comentários sobre o capítulo

Considerando a estagnação, com sinais de piora, nos resultados dos alunos espanhóis no último Informe Pisa de 2007, e muito embora haja necessidade de mais pesquisas, podemos aventar a ideia de que a interrupção do trabalho dos Centros de Professores teve uma influência negativa sobre os resultados qualitativos. Isso não impede que existam outras causas, mas considerando o quanto esses Centros contribuíram para a formação permanente dos professores e sabendo como isso foi positivo para o aprendizado dos alunos, a hipótese aqui levantada não deve estar muito longe da realidade.

A baixa participação da comunidade na gestão da escola e a desmotivação dos professores para serem candidatos à gestão mostram que o Estado está perdendo uma parcela importante dos imprescindíveis atores da gestão e que essa perda pode estar influenciando também a estagnação revelada nos resultados do Informe Pisa 2007.

Capítulo 3
O Brasil pode aprender com a experiência da Espanha?

Há uma opinião generalizada entre os estudiosos da educação de diversas partes do mundo de que a formação inicial e o aperfeiçoamento dos professores são importantíssimos para a qualidade da educação. É essa a razão que nos motivou a comparar os aspectos da educação espanhola que analisamos no capítulo anterior com as políticas específicas do Brasil para a educação continuada e a gestão democrática da escola. No caso da gestão democrática, ela foi incluída porque diversos estudos e pesquisas, no Brasil, mostram que a participação dos pais na vida escolar dos filhos repercute positivamente no aprendizado deles. Da mesma forma que Espanha e Portugal, o Brasil precisa reafirmar, como formação para a cidadania, que está educando para a democracia e, como tal, precisa colocá-la em prática. A seguir são apresentadas as políticas específicas para a formação continuada de professores e a gestão democrática da escola.

Formação dos professores

No Brasil, o motivo de maior preocupação ainda é a formação inicial. É necessário formar os professores que estão em sala de aula mas não possuem a titulação necessária para serem professores, sobretudo na educação infantil e nas séries iniciais da educação fundamental. Para esses casos, o MEC tem vários programas em andamento, em colaboração com os estados.

No caso do ensino médio, ainda existem professores que estão ensinando em sala de aula sem possuir licenciatura. Para esses, o MEC também tem programas específicos, em colaboração com estados e universidades.

A questão mais difícil é suprir a carência de professores nas áreas específicas de Física, Química, Matemática e Biologia, tanto nos anos finais do fundamental quanto no ensino médio, conforme trabalho divulgado pelo Conselho Nacional de Educação (CNE) (19). Um dos projetos colocados em prática pelo governo para tentar solucionar essa grave crise que atinge todos os estados é a criação da Universidade Aberta (UA), que começou a funcionar em 2007, oferecendo cursos a distância. É uma tentativa de solução que dependerá de tempo (pelo menos quatro anos para a formatura de uma turma), do comportamento dos alunos nessa modalidade de ensino (por exemplo, a taxa de evasão) e do funcionamento dessa nova instituição, uma vez que os recursos financeiros não estão totalmente garantidos. Um programa de bolsas para alunos de licenciatura nas áreas mais críticas também foi estabelecido, dentro do Plano de Desenvolvimento para a Educação (PDE). A lei que estabelece o piso nacional salarial do professor poderá atrair mais alunos para as licenciaturas.

O que está faltando é um plano emergencial para evitar que crianças voltem para casa sem aulas dessas disciplinas específicas, devido à falta de professores. Não há como falar em qualidade de ensino se não há professores para lecionar. É incompreensível que nenhum governo federal, desde a democratização, tenha qualquer projeto pelo menos para atenuar essa situação.

O governo estadual e o federal têm condições e competência para elaborar um plano, emergencial e transitório, de isenções fiscais e outros benefícios, para ativos e aposentados, podendo assim garantir a presença de professores em sala de aula. Só assim poderemos pensar em outras medidas que melhorem a qualidade do nosso ensino.

Diretrizes curriculares para a formação de professores

Quanto à normatização da formação inicial de professores de educação infantil e dos primeiros anos do ensino fundamental, o CNE já elaborou as Diretrizes. Os cursos de licenciatura destinados à formação de professores para os últimos anos do ensino fundamental, do ensino médio e da educação profissional de nível médio estão organizados em habilitações específicas por campo de conhecimento, conforme indicado nas Diretrizes Curriculares pertinentes.

Formação permanente

As novas Diretrizes Curriculares para o ensino médio (20) foram aprovadas em 1998 e introduziram mudanças radicais, tanto nos princípios quanto nos fundamentos e nos procedimentos. Por exemplo, o artigo 6º da resolução diz: "Os princípios pedagógicos da Identidade, Diversidade e Autonomia, da Interdisciplinaridade e da Contextualização serão adotados como estruturadores dos currículos do ensino médio".

Tudo isso é uma grande novidade para os professores, pois ao longo da formação inicial é quase certo que esses temas não tenham sido abordados e, se foram, isso constituiu exceção. Portanto, nada mais apropriado, no caso de uma administração federal, que recursos importantes sejam destinados à formação permanente dos professores para garantir o conhecimento necessário à implementação dessas mudanças. Já que isso até hoje não aconteceu, significa que as reformas foram introduzidas apenas formalmente e, em consequência, nada mudou na sala de aula.

Não há políticas públicas para a formação permanente. O que existe são programas em nível federal, estadual e municipal, que têm como objetivo melhorar e atualizar o conhecimento dos professores. Em alguns estados, o governo oferece cursos voltados especificamente para eles. De forma geral, os estados e municípios realizam convênios com instituições de nível superior, públicas e privadas, e com Organizações Não-Governamentais (ONGs) para a realização de cursos de qualificação e aperfeiçoamento. Às vezes, as escolas procuram cursos oferecidos pelas instituições citadas ou os professores, mesmo em caráter pessoal, participam de cursos, rotineiros ou não, dessas instituições.

Seria muito mais proveitoso para a qualidade da educação, sobretudo do ensino médio, mas também de toda a educação básica, ter recursos voltados exclusivamente para a formação permanente de professores, dentro de uma política pública estabelecida pelo governo federal, em colaboração com os estados.

Recentemente, foi aprovada uma nova lei dando novas atribuições à Coordenação de Aperfeiçoamento do Pessoal de Nível Superior (Capes). Essas atribuições referem-se à formação inicial e continuada dos professores da educação básica. De acordo com o novo Estatuto da Capes e no âmbito da educação básica, cabe a ela induzir e fomentar, em colaboração com estados, municípios e o Distrito Federal, e exclusivamente mediante convênios com instituições de ensino superior, a formação inicial e continuada de profissionais do magistério da educação básica. É um bom começo, sendo desejável que isso evolua para a rápida elaboração de Diretrizes Gerais de Formação Permanente, a fim de que as escolas possam elaborar seus projetos político-pedagógicos com a inclusão da política para a formação permanente dos professores da escola. Se for respeitada essa política da escola, e as instituições de ensino superior organizarem os cursos e outras atividades para atender essas políticas locais, a qualidade da educação básica poderá dar um grande salto.

A experiência de Brasília

Em 1995, a Secretaria de Educação do governo do Distrito Federal instituiu uma comissão para elaborar o projeto da criação de uma escola cujo objetivo fosse o aperfeiçoamento dos professores da rede pública, visando uma melhoria do ensino. Tentava-se assim resgatar a antiga Escola de Aperfeiçoamento, criada em 1985 e extinta dois anos depois, por um novo governo. Em 1997, foi aprovado pela Câmara Distrital um projeto de lei oriundo do Executivo, criando a Escola de Aperfeiçoamento dos Profissionais da Educação (Eape). Em 1998, quando o governo findou, a escola estava toda estruturada, contando, entre outros, com departamentos de pesquisa, pedagogia, biblioteca e recursos multimídia e com quase 80 profissionais integrando o quadro de professores e apoiadores da escola.

O segundo Seminário sobre Política de Aperfeiçoamento Profissional da Educação, realizado pela Escola de Aperfeiçoamento dos Profissionais de Educação (Eape), no início de 1998, definiu a principal diretriz daquele ano: focar a escola, levando para o dia-a-dia das escolas a prática aprendida, buscando estar ao lado dos educadores em seu trabalho pedagógico, fortalecendo esse senso coletivo e, consequentemente, a gestão democrática nas escolas. Com essa visão foi então criada a Rede de Aperfeiçoamento dos Profissionais da Educação.

A Eape teve papel fundamental no fortalecimento da gestão democrática nas escolas. Os diretores eleitos por meio da Lei da Gestão Democrática, aprovada em 1995, tinham de frequentar um curso de 180 horas para adquirir os conhecimentos mínimos necessários para dirigir uma escola. Esses cursos eram organizados e ofertados pela Eape.

O quadro dirigente da escola era formado por 11 professores, um dos quais era o diretor, nomeado pelo governador e indicado pelo Conselho Escolar da Eape. Desse Conselho participavam representantes de todas as diretorias regionais e da Secretaria de Educação.

Nesse período, o Distrito Federal contava com cerca de 20 mil professores; 10 mil servidores não docentes; 550 mil alunos e 560 escolas, na rede pública.

Com esses mesmos objetivos, salvaguardando as especificidades, foi criado o Centro de Professores da Prefeitura de Belo Horizonte, anterior à Escola de Brasília, que teve uma influência grande na concepção da última.

É necessário salientar que, embora haja um intervalo grande entre a fundação dos Centros de Professores, na Espanha, na década de 1980, e a implantação da Eape, em Brasília, em 1996, existe uma estrutura semelhante de objetivos e meios entre as duas instituições. É possível que a criação da Eape, em 1985, tenha tido inspiração ideológica nos Centros, pois nessa época surgiu em Brasília um forte movimento de renovação pedagógica que muito influenciou o movimento docente, embora os governos que se sucederam tenham retroagido no tempo. Só em 1995 foram resgatadas as boas ideias do passado e, com isso, avançaram bastante as mudanças, em especial no âmbito da educação.

Dentro do regime de colaboração que a Lei de Diretrizes e Bases da Educação contempla, não temos dúvidas de que a implantação de uma rede de Centros de Formação Permanente de Profissionais da Educação (numa parceria entre os estados e a União) permitiria dar um salto qualitativo que teria efeitos muito positivos na qualidade da educação básica.

Diretrizes gerais nacionais e orientações para o trabalho dos Centros seriam elaboradas pelo governo federal, tendo a colaboração dos estados, estabelecendo-se uma coordenação, a qual, semelhantemente à Coordenação de Aperfeiçoamento de Pessoal de Nível Superior (Capes), poderia ser chamada de Coordenação de Aperfeiçoamento do Pessoal da Educação Básica (Capeb).

Gestão democrática nas escolas

O projeto de participação da comunidade escolar (professores, alunos, servidores e pais) na gestão das escolas é uma consequência do que estabelece a Constituição de 1988 em relação à gestão democrática. A Lei de Diretrizes e Bases da Educação também inclui a participação, sem explicitar, porém, de que forma ela ocorreria. Os governos federais optam por manter a forma genérica e deixar que os estados decidam como ela se dará. Alguns governos de estados e municípios entendem que a nomeação política do diretor de uma escola, ainda que por critérios técnicos, lhes garante uma parcela de poder no estado ou no município. É por essa razão, entre outras, que as soluções a respeito da participação, e em particular a escolha do diretor, são o mais variadas possível. O que consta na Constituição brasileira não é o que os legisladores e os governos almejavam como princípio democrático. A democratização das escolas parece ser uma reivindicação isolada dos sindicatos dos profissionais da educação e de algum partido político, no caso o Partido dos Trabalhadores, quando na verdade deveria ser uma reivindicação de toda a sociedade. É possível que a ausência de uma transição política, ao final da ditadura, tenha deixado algumas lacunas democráticas em parte da sociedade brasileira, como é o caso aqui assinalado.

A prática de nomear os diretores das escolas estava muito arraigada nos governantes, porque era entendida como uma demonstração de poder e força política. Mesmo agora, após 20 anos da promulgação da Constituição, quando se fala em democratização das escolas, a maioria da população e principalmente os governantes entendem isso como sinônimo de eleição do diretor. Não se pensa em Conselho Escolar, nos Conselhos Municipais ou Estaduais de educação, na participação dos alunos, em uma forma institucional de participação dos pais, não mais como quebra-galho ou apenas resolvendo as dificuldades enfrentadas pelas escolas. Por conseguinte, essa participação se dá de forma esporádica e às vezes nada institucionalizada.

De acordo com um levantamento do Conselho de Secretários Estaduais de Educação (Consed) (21), as práticas adotadas pelos estados podem ser resumidas em quatro categorias:

- **eleição direta pela comunidade**, praticada desde a década de 1980, atualmente em curso nos estados do Acre, Alagoas, Goiás, Mato Grosso, Mato Grosso do Sul, Pará, Piauí, Rio Grande do Norte (bem recente), Paraná, Rio Grande do Sul e Paraíba (só nas sedes de região). Em geral, esses estados têm procurado aperfeiçoar o processo, pelo estabelecimento de um perfil a ser preenchido pelo candidato (titulação, experiência, apresentação de plano, obrigatoriedade de cumprir uma capacitação etc.) para que concorram ao processo eletivo;
- **eleição direta pela comunidade**, após o cumprimento de uma prova de competência técnica elaborada normalmente por instituição externa. Nesse caso, encontram-se os estados de Minas Gerais, Ceará (há cinco ou seis anos) e Pernambuco;

- **seleção técnica**, adotada nos estados de São Paulo (a única realizada por concurso público), Bahia (por meio de processo de certificação), Distrito Federal, Rio de Janeiro (os dois últimos desistiram da eleição para adoção de seleção técnica com proposição de lista tríplice) e Tocantins (seleção técnica);
- **indicação técnica ou política**, envolvendo oito estados: Amapá, Amazonas, Rondônia, Roraima, Sergipe e Maranhão (que sempre adotaram essa modalidade), Espírito Santo e Santa Catarina (que recuaram da eleição para a indicação). Há também o caso da Paraíba, que adota dois sistemas: o de eleição já referido e a indicação para escolas localizadas fora dos municípios-sede de regiões educacionais.

O caso de Brasília

Entre 1995 e 1998 foram realizadas, no Distrito Federal, diversas experiências no âmbito da educação. Uma delas, já relatada, corresponde à Escola de Aperfeiçoamento dos Profissionais da Educação. Relataremos neste capítulo outra, referente à escolha de diretor nas escolas do DF e criação de Conselhos Escolares e sua organização.

A lei que embasou essa experiência, denominada Lei da Gestão Escolar, foi elaborada mediante uma negociação conjunta entre a Secretaria de Educação, os dois sindicatos – de professores e de servidores –, estudantes, representados pela União Municipal dos Estudantes de ensino médio, e parlamentares da área da educação da bancada do governo e representante do gabinete do governador. O anteprojeto de lei foi conseguido nessa negociação por unanimidade, o que facilitou muito sua tramitação, pois, quando ele chegou à Câmara, a aprovação se deu rapidamente e também por unanimidade.

A Lei n. 957, de 22 de novembro de 1995, aprovada pela Câmara Distrital do DF, previa a eleição direta dos diretores das escolas de educação infantil, educação fundamental, ensino médio, escolas normais e centros de estudos supletivos. Todas, sem exceção, teriam eleições diretas, com participação de todos os segmentos. A participação se daria de forma paritária, considerando-se 50% de pais e responsáveis de alunos e alunos e 50% de professores e servidores de escolas.

Para ser nomeado, o candidato eleito teria de ser professor há dois anos, pelo menos, na regional de ensino à qual pertencesse a escola, ser professor de carreira e possuir diploma de graduação, ou de ensino médio no caso das escolas de educação infantil. Excepcionalmente, nessas escolas se aceitaria o certificado de ensino fundamental se o vice-diretor tivesse diploma universitário.

O candidato a diretor teria de apresentar para debate, durante o período eleitoral, seu projeto político-pedagógico, que seria implementado caso ele fosse eleito. O mandato de diretor seria de dois anos, com possibilidade de uma renovação.

A eleição do diretor e do Conselho Escolar não se daria de forma casada: primeiro aconteceria a do diretor e, depois, a do Conselho.

A comunidade escolar participaria dos Conselhos Escolares, também com representações paritárias: 50% de professores e servidores e 50% de alunos e pais e responsáveis escolhidos nas respectivas assembleias setoriais.

Nas eleições, o quórum mínimo para a participação seria de 50% para cada segmento, com exceção de pais e responsáveis e alunos de supletivo, para os quais o quórum seria de 10%.

Entre as atribuições do Conselho Escolar estariam: elaborar o regimento; incluir nele os adendos necessários, modificar e aprovar o plano administrativo anual, elaborado pelo diretor após focar a programação de recursos necessários para a manutenção e a conservação das instalações escolares; criar mecanismos de participação efetiva dos segmentos no Conselho Escolar e divulgar periodicamente o uso dos recursos financeiros, a qualidade dos serviços prestados e os resultados obtidos.

Entre os princípios da gestão democrática estaria a autonomia das escolas na gestão pedagógica, administrativa e financeira de seu projeto educativo.

As primeiras eleições para diretor, em 1995, aconteceram em 525 escolas das 531 existentes. Participaram 269.960 eleitores. Já em 1997, a eleição aconteceu em 551 escolas, com participação de 293.697 eleitores. É interessante notar que, em 1995, o número de eleitores para as eleições gerais do DF foi de quase um milhão e o número de votantes nas eleições de diretor foi de aproximadamente 30%. Houve grande mobilização, que se manteve em 1997, como indicam os números.

A eleição dos diretores e dos Conselhos não se dava de forma casada, acarretando prejuízo do ponto de vista da mobilização para as eleições dos Conselhos. Na segunda eleição, o quórum dos pais e responsáveis foi modificado, para evitar o risco de não se conseguir realizá-la. A proposta da Secretaria era fazer as eleições ao mesmo tempo, mas ela foi derrotada durante o processo de negociação.

O Sistema de Educação do DF é composto por 19 Direções Regionais, que administram as escolas públicas localizadas dentro de cada direção.

Em cada uma dessas regiões foi criado um Fórum Regional de Conselhos Escolares, congregando todos os Conselhos Escolares da região. O conjunto desses diversos Fóruns formou a Federação de Conselhos Escolares. Em 1997 realizou-se um encontro de Conselhos Escolares, e em 1996 foi realizado o primeiro Congresso de Educação do DF, com 2.500 participantes, representando os quatro segmentos: professores, servidores, pais de alunos e alunos.

A experiência de democratização das escolas e sua gestão foi extremamente rica, havendo significativa participação dos profissionais ligados às escolas, porém fraca participação de pais de alunos e alunos. As falhas e as críticas apresentadas na Espanha, a respeito do funcionamento dos Conselhos Escolares, são muito semelhantes àquelas feitas no DF. Considerou-se que a construção de uma estruturação sólida para os Conselhos não foi possível devido à falta de pessoal preparado para administrar essa grande iniciativa.

Na realidade ocorreram dificuldades pelo despreparo do pessoal para administrar todas as mudanças implementadas no sistema educacional do DF, embora existissem pessoas de grande competência e dedicação. As principais mudanças colocadas em prática dizem respeito ao currículo e à avaliação de alunos, além das já apresentadas Eape e gestão democrática do sistema.

Capítulo 4
Sugestões para melhorar a educação básica no Brasil

No capítulo anterior mostramos as diferenças existentes entre os sistemas educacionais na Espanha e no Brasil, no que se refere ao aperfeiçoamento dos professores e à gestão democrática da escola. Ressaltamos também que isso não significa que só esses dois aspectos tenham sido responsáveis pela melhoria nos resultados dos alunos espanhóis.

Neste capítulo apresentaremos outros aspectos da legislação espanhola, a experiência de Brasília em relação à avaliação em processo ou progressão continuada, e daremos mais algumas sugestões que podem ajudar a melhorar a educação e servir de exemplo para o Brasil.

Iniciamos com a avaliação dos estudantes segundo a legislação espanhola.

O processo de avaliação: comparação entre a legislação espanhola (LOE) e a experiência de Brasília

Poucas mudanças foram introduzidas pela Lei Orgânica da Educação em relação à Logse. Abordaremos a situação atual.

O ensino fundamental compreende seis anos letivos, iniciando-se aos 6 e terminando aos 11 anos. Ele corresponde a três ciclos de dois anos cada, que são organizados em áreas obrigatórias e têm caráter global e integrador.

A avaliação da aprendizagem nessa etapa é contínua, e o aluno só passa de um ciclo a outro quando atinge os objetivos correspondentes. Caso isso não ocorra, ele permanece mais um ano no mesmo ciclo. Essa situação só pode acontecer uma vez nos ciclos do ensino fundamental, ocasião em que o aluno tem atendimento, mediante um plano específico de recuperação e de reforço das competências básicas. Ao término do segundo ciclo do ensino fundamental, as escolas têm de fazer uma avaliação das competências básicas atingidas pelos alunos.

O ensino médio obrigatório é formado por dois ciclos de dois anos e é oferecido por área de conhecimento. A avaliação do ensino médio obrigatório é contínua. Os alunos que cursaram o segundo ano e não têm condições de passar para o terceiro (segundo ciclo), mas já repetiram uma vez, podem ser incorporados a um programa de diversificação curricular, após avaliação adequada. O aluno pode repetir o mesmo ano uma única vez e duas vezes, no máximo, em cada etapa. Se isso acontecer, o aluno irá para programas especiais, tendo por base uma qualificação inicial profissional. Ao final do segundo ano, todas as escolas devem realizar uma avaliação das competências básicas de seus alunos, de caráter formativo e orientador para as escolas e informativo para as famílias e toda a comunidade.

O fato de ser uma avaliação continuada – como, aliás, na grande maioria dos países que têm bom desempenho educacional –, porém com as limitações apresentadas, é mais uma demonstração de que esse tipo de avaliação deve ser considerado e analisado, antes de ser desqualificado, como às vezes acontece no Brasil.

Já se passou muito tempo desde que grandes redes de ensino, como as existentes em Belo Horizonte, Porto Alegre, Brasília, Rio de Janeiro, e muitas outras, menores, implantaram a avaliação processual ou progressão continuada dos alunos. Algumas delas ainda continuam, outras começaram, e outras, ainda, voltaram à antiga seriação. Quase 20% dos alunos matriculados no ensino fundamental estudam em regime de progressão continuada. A omissão do MEC, no Brasil, em não optar por outra forma de avaliação, alegando que a decisão cabe exclusivamente a cada sistema de ensino, traz um prejuízo enorme aos estudantes e ao país em geral. O mínimo que se pode esperar é um estudo avaliativo das experiências acontecidas e que estão acontecendo, para subsidiar os diversos sistemas de ensino.

Recentemente, uma pesquisa do Instituto de Pesquisas Aplicadas (Ipea) (22), órgão do governo federal, avaliou a política educacional de 49 países e concluiu que "as melhores notas e os resultados mais efetivos obtidos no ensino básico foram observados exatamente nos [países] que adotaram o regime de progressão continuada".

A omissão do MEC em relação à avaliação continuada pode ser entendida como uma política implícita que tem por base a manutenção da cultura da repetência. Uma criança que persiste na repetência fica completamente desmotivada e com baixa auto-estima, o que estimula nela e nos seus pais a vontade de procurar outros caminhos, abandonando a escola. Essa é uma das causas da evasão.

Entre 1997 e 1998, a experiência da progressão continuada foi adotada em quase um terço das escolas do Distrito Federal, por opção delas. No entanto, a partir de 1999, um novo governo interrompeu essa experiência, sem dar tempo suficiente para haver uma avaliação isenta.

Basicamente, as mudanças que a escola candanga trouxe estão sintetizadas na comparação com a escola tradicional seriada aqui apresentada.

Tabela comparativa entre a escola tradicional e a escola candanga

	Escola tradicional (seriada)	Escola candanga (organizada em fases de 3 anos)
Ensino versus aprendizagem	Processo centrado no professor e na mera transmissão e aquisição de informações	Todo aluno tem potencial para aprender e possibilidades de se realizar; centrada em situações de trabalho coletivo
Avaliação	Centrada apenas no aspecto cognitivo (provas e exames); objetiva classificar e medir o que foi aprendido; tem um fim em si: aprovação ou reprovação	Centrada no processo; considera todos os aspectos educativos: cognitivo, cultural, social, afetivo, motor, priorizando os aspectos qualitativos; tem função diagnóstica (todos serão avaliados: aluno, professor, escola etc.)
Currículo	Sequência rígida das séries; todos devem aprender no mesmo ritmo/tempo; centrada na instrução/formação	Organização em fases, que consideram os vários ciclos do desenvolvimento humano: infância (1ª fase), pré-adolescência (2ª fase) e adolescência (3ª fase); sequência flexível, centrada na formação do educando
Conhecimento	Fragmentado, seriado, descontextualizado; o livro é a única fonte	Respeita o ritmo e as diferenças individuais; visão global de conhecimento; preocupação em formar cidadãos dentro do eixo ético-ecológico, dando significado aos conteúdos

Metodologia	Aula expositiva, repetição mecânica, deveres enfadonhos; centrada na transmissão de conhecimento e modelos	Ênfase em vivências, situações-problema, experiências, investigações, pesquisas; considera o conhecimento que o aluno possui, privilegia a interdisciplinaridade e a pedagogia de projetos (centrada na construção coletiva do conhecimento)
Tempo-espaço (escola)	Espaço educacional restrito à sala de aula	Conceito amplo de sala de aula: todos os espaços são educativos; lócus de formação respeita o aluno como ser em formação, crítico, reflexivo e cidadão participativo
Recursos humanos (coordenador pedagógico)	Um coordenador para cada 20 turmas, sendo 20h de direção e 20h de coordenação pedagógica	Um coordenador pedagógico para até 7 turmas, sendo: 10h de coordenação para formação própria, 15h de coordenação com seus pares, 15h de coordenação do laboratório de aprendizagem
Recursos humanos (direção)	Trabalho individual; um professor para 2 turmas (matutino e vespertino)	Trabalho coletivo; um professor exclusivo para cada turma (5h com aluno e 3h em coordenação); 25h de direção; 15h de coordenação pedagógica
Relação professor--aluno	Unilateral: professor ensina, aluno aprende	Mediador e organizador do processo educativo; relação dialógica de cooperação e respeito
Relação escola--comunidade	Unilateral: participação apenas em eventos	Dialógica; cooperativa; participativa e interativa

Apesar de ter sido uma experiência muito curta, ela deixou impressões bastante positivas, conforme pesquisa realizada em 1999, por solicitação do novo governo, de posição radicalmente contrária à utilização das fases em lugar das séries convencionais.

Alguns dados da pesquisa realizada pela Fundação Cesgranrio, encomendada pela Secretaria de Educação do Distrito Federal, no âmbito da rede pública, são aqui apresentados.

1. Na sua opinião, a escola que você frequenta:
a) favorece a aprendizagem, pois há um esforço coletivo para que todos aprendam?
Respostas dos alunos:

Não (13,6% escola seriada e 9,9% escola candanga)
Sim (80,2% escola seriada e 84,2% escola candanga)
Sem informação (5,6% escola seriada e 6% escola candanga)

b) favorece a aprendizagem, pois a boa disciplina dos alunos permite que se preste atenção às aulas?
Respostas dos alunos:
Não (39% escola seriada e 28% escola candanga)
Sim (53% escola seriada e 67% escola candanga)
Sem informação (8% escola seriada e 5% escola candanga)

c) dificulta a aprendizagem, pois o ambiente de violência cria insegurança?
Respostas dos alunos:
Não (58% escola seriada e 67% escola candanga)
Sim (35% escola seriada e 28% escola candanga)
Sem informação (7% escola seriada e 5% escola candanga)

2. Você entende o que o(a) professor(a) ensina nas aulas de matemática e português?
Respostas dos alunos:
Matemática: sim (76% escola seriada e 82% escola candanga)
Português: sim (74% escola seriada e 84% escola candanga)

A pesquisa abrangeu um universo de 40.241 alunos – 31.498 da segunda fase e 12.426 da seriação (5ª série). Esses dados tornam-se extremamente significativos se analisados do ponto de vista histórico, haja vista que a implantação das turmas de 11 anos da 2ª fase só ocorreu em 1998. Portanto, essa estrutura, considerada pela pesquisa como "não seriada", contava com apenas um ano e meio de implantação. Em contrapartida, a estrutura seriada contava com pelo menos 39 anos, só no Distrito Federal. Esses dados estão apresentados em Mota e outros (23).

Para finalizar o relato da experiência de Brasília serão apresentados alguns dados referentes ao sistema de ensino público, no início e no final da administração.

Em 1994, o abandono no ensino fundamental foi de 7,4% e, em 1997, caiu para 6,8%. No ensino médio, em 1994, o abandono foi de 17,5% e, em 1997, caiu para 12,8%. Já a aprovação em 1994 no ensino fundamental foi 70,1% e, em 1997, subiu para 77%. No ensino médio, a aprovação, em 1994, foi de 54,2% e, em 1997, subiu para 66,3%.

A avaliação na política educacional brasileira

Recentemente, o MEC lançou o Plano de Desenvolvimento da Educação (PDE), do qual um dos destaques é a avaliação de resultados, mediante a incorporação de um novo indicador, o Índice de Desenvolvimento da Educação (Ideb), aos já consagrados no Brasil: o Sistema de Avaliação da Educação Básica (Saeb) e o mais recente, a Prova Brasil.

Em relação ao processo de avaliação de resultados e aos diversos indicadores utilizados, convém citar uma reflexão realizada por este autor, pois não se pode esquecer que a avaliação é um meio, e não um fim. Reproduzimos abaixo parte dela (24):

"Os resultados do Sistema de Avaliação da Educação Básica (Saeb), da Prova Brasil, do Ensino Médio (Enem), do Programa de Avaliação Internacional (Pisa) e, ainda, simulações com o novo indicador proposto pelo Ministério da Educação (MEC), o Ideb (Indicador de Desenvolvimento da Educação Básica), foram noticiados amplamente, confirmando a baixa qualidade do ensino de crianças e jovens nas escolas públicas e privadas. Foi um massacre contra as escolas, principalmente as públicas, apesar de o MEC ter divulgado experiências de sucesso de algumas poucas escolas públicas.

Ninguém duvida de que a nossa educação básica carece da qualidade com que todos nós sonhamos para os nossos jovens, principalmente quando comparada com a de outros países. Parece que ninguém duvida, também, de que é necessário utilizar indicadores que possam nos orientar a respeito de como está se desenvolvendo a educação, seja básica, seja superior.

Curiosamente, e apesar dos vários indicadores, não sabemos, ainda, como os nossos jovens se desenvolvem em relação a outras áreas do conhecimento diferentes das escolhidas nas avaliações, em geral, português e matemática. Não estou questionando a importância desses indicadores, estou apontando a falta de outros indicadores. Parece que esses outros indicadores não despertam curiosidade ou são de menor importância.

Alguém se pergunta qual é o comportamento ético dos nossos jovens e quais são os indicadores que poderiam nos mostrar a visão que eles estão adquirindo deste nosso mundo globalizado e injusto? Ou, então, quais são os indicadores que nos permitem avaliar os princípios e os valores praticados e respeitados por nossos jovens? Sem contar com os indicadores a respeito do nível de desenvolvimento cultural, histórico, social, e por aí vai.

Essa febre por determinados indicadores e a carência total de muitos outros podem ter sua causa na predominante e, aparentemente, quase hegemônica existência de um modelo de educação que prioriza resultados, sem muito questionar a forma de obtenção destes, nem a capacidade crítica, criativa, reflexiva ou comportamental dos nossos estudantes. Por que não desenvolver e divulgar indicadores que mostrem o real valor do conhecimento que a escola acrescenta ao aluno, desde o seu ingresso nela até a sua saída, para conhecer melhor o papel que ela representa no aprendizado das crianças e dos adolescentes? Se esse tipo de avaliação fosse apresentado, eliminaria muitas das injustiças que se cometem contra os professores e as escolas públicas, uma vez que aqueles e estas são capazes de suprir, parcialmente, as deficiências dos alunos provenientes de famílias que sofrem com a falta de condições econômicas e sociais.

Existe um outro modelo de educação que não considera prioritários os indicadores, mas simplesmente os considera como mais uma indicação de como a educação se encontra. Esse outro modelo valoriza mais o professor, já que permite que ele tenha mais liberdade de ensinar aquilo que é mais adequado para a criança, sem sofrer a pressão de ter que ensinar somente o que será cobrado nos testes de conhecimento (...)".

O aperfeiçoamento dos professores

O lançamento do PDE foi uma oportunidade para estruturar a formação continuada de professores, de acordo com as Diretrizes Gerais e Nacionais, e de valorizar os profissionais da educação. No entanto, ficou muito aquém do esperado. Entidades como a Associação Nacional de Formação de Professores (Anfop) e a Confederação Nacional dos Trabalhadores em Educação (CNTE) já manifestaram preocupação, seja a respeito da utilização da educação a distância para a formação e o aperfeiçoamento dos professores, seja com o fato de a tarefa da formação sair da esfera da Secretaria de Ensino Superior.

Poderia ser feita uma adequação dos Centros de Professores implantados no início das reformas espanholas, relatada no capítulo 2 desta obra, utilizando a própria Capes, como explicado a seguir, na reprodução de parte de um artigo escrito por este autor (25):

"Começamos inicialmente pontuando a diferença de objetivos no aperfeiçoamento dos professores da educação superior e básica. No caso dos primeiros, o aperfeiçoamento se dá no sentido de aprofundar o conhecimento deles, introduzindo-os no mundo da investigação. As diretrizes e a política são dadas pela Capes. No caso dos professores da educação básica, o aperfeiçoamento tem de ter por objetivo melhorar o processo ensino-aprendizagem, para diminuir a repetência e a evasão escolar. Esses objetivos não podem ser confundidos, apesar de a política ser elaborada e difundida pelo mesmo órgão, no caso a Capes.

O aperfeiçoamento dos professores da educação básica não pode estar restrito a cursos elaborados por universidades visando aprofundar o conhecimento e, às vezes, desconhecendo as reais condições de desenvolvimento e trabalho desses professores. O aperfeiçoamento tem de ter por base o projeto político-pedagógico da escola, elaborado conjuntamente por professores e comunidade, e pode variar de cursos objetivos, passando por estágios, realização de congressos, participação em seminários, conferências, apresentação de trabalhos em eventos, a criação de revistas especificamente para esses professores, material didático que não seja exclusivamente livro, estágios em universidades, laboratórios de pesquisa e empresas, concessão de bolsas de estudos, formação complementar pedagógica e outras ações. Há diversidade e variedade de atividades que devem fazer parte de uma política de desenvolvimento e aperfeiçoamento, desde que o objetivo seja a melhoria do processo ensino-aprendizagem.

A elaboração dessa política nacional passa necessariamente pelo conhecimento da realidade das escolas brasileiras.

Assim, para que essa excelente iniciativa não venha a ser perdida é necessário que os estados tenham pelo menos um centro de aperfeiçoamento de professores, em regime de colaboração com o governo federal, com a responsabilidade de conhecer de forma mais precisa a realidade de cada escola do estado e dos municípios, mediante contato direto com o diretor e os professores. Esses centros, administrados por um diretor, teriam professores responsáveis por áreas de conhecimento, aptos a dialogar com seus colegas de escola, boas condições de trabalho, tais como biblioteca, videoteca, auditório, laboratórios de informática, acesso a novas tecnologias, banco de dados de experiências inovadoras e de sucesso, divulgação de informações sobre formação continuada etc. Seria um espaço para que os professores pudessem discutir e debater ideias e trocar conhecimentos a respeito da melhoria do processo ensino-aprendizagem e a implementação das diretrizes de aperfeiçoamento estabelecidas por uma política nacional. Nada impede que os centros de professores sejam também utilizados como polos da Universidade Aberta, dentro do processo de colaboração entre União, estados e municípios.

Esse processo de aperfeiçoamento deveria vir acompanhado das diretrizes de uma carreira docente, associando promoção na carreira com aperfeiçoamento, o que incentivaria a grande maioria dos professores a participar da política de aperfeiçoamento.

Uma avaliação dessa política de aperfeiçoamento deveria ser feita para a correção de rumos, se necessário. A melhoria do aprendizado, por parte dos alunos, além de uma diminuição da evasão, já seria um importante indicador de que o aperfeiçoamento dos professores estaria contribuindo para a melhoria da educação".

A gestão democrática

Apesar de já ter sido discutida como um dos aspectos da legislação espanhola, é necessário reforçar a importância de ter uma legislação em nível nacional, porque só assim os estados poderão aplicar a gestão sem a interferência do Superior Tribunal Federal, quando consultado por algum governador que não deseje a gestão democrática no seu estado. A Constituição define os cargos que são elegíveis: presidente, governador, senador, deputados federais, estaduais e distritais, no caso do Distrito Federal, e vereadores. Não há respaldo constitucional para o governador de um estado nomear o diretor de uma escola, baseado na eleição. No caso da gestão democrática se faz necessária uma mudança constitucional para escolher os representantes no Conselho Escolar e o diretor, ou o próprio Conselho se responsabiliza pela escolha do diretor, que pode ser eleito direta ou indiretamente pelos conselheiros.

A fórmula que o MEC vem incentivando para a escolha de diretores não é a mais indicada. Ela se baseia na realização de uma prova de conhecimentos, seguida de eleição entre os candidatos que passaram na prova. É uma forma de privilegiar o mérito em detrimento da liderança política. Deixar as lideranças políticas fora da eleição para a escolha de diretores é um grave erro, pois a gestão desse diretor começa com um antagonismo, em geral significativo, que pode inviabilizá-la. Tanto as lideranças acadêmicas como as políticas precisam estar aptas para concorrer, e, depois das eleições, aquele que ganhar deve frequentar cursos de formação. O modelo utilizado em Brasília é o mais recomendável. Os modelos que privilegiam o mérito se encaixam dentro da visão apresentada por San Fabián (26):

> "Ocultar a natureza política, micro e macropolítica, das organizações é uma característica destacada da modernidade neoliberal, que, esgrimindo uma impossível neutralidade ideológica, pratica uma política dirigida a despolitizar o discurso educacional. No entanto, as relações de poder são parte inevitável da interação de qualquer organização, seja ela educacional ou não, e ignorá-las é renunciar a uma das dimensões mais substantivas para entender seu funcionamento".

Outras sugestões

Além dos pontos apresentados e que configuram contribuições para melhorar a educação básica, uma vez que concorreram fortemente para melhorar o sistema espanhol, apresentaremos outras sugestões:

Diretrizes de carreira

Se for estabelecida uma política para o aperfeiçoamento dos profissionais da educação, ela deverá estar relacionada à progressão na carreira. Se isso não acontecer, estaremos frustrando a principal motivação dos professores, que é se aperfeiçoar e progredir na carreira. Essas diretrizes ainda não foram aprovadas pelo Congresso Nacional.

Na discussão das Diretrizes, é necessário incluir o piso nacional de salários e a jornada de trabalho, que não podem ficar ausentes quando se fala na melhoria da qualidade da educação.

Ensino médio

As estatísticas referentes à nossa juventude em relação a desemprego, violência, escolaridade são indignas de um país cuja produção de riqueza o coloca entre os 11 países mais ricos do mundo.

Não podemos pensar que a educação seja a solução para todos os problemas, mas sem dúvida passa por ela. Da mesma forma, o aumento de recursos para o financiamento da educação não é a solução para os problemas dessa juventude, mas a solução desses problemas passa pelo aumento de recursos para esse financiamento.

Em 2004, foi implantada uma iniciativa bem interessante para tentar aliviar os problemas de desemprego da juventude. Essa iniciativa veio pela publicação, nesse ano, do Decreto Presidencial n. 5.154. Até essa data, a educação profissional podia ser cursada após a conclusão do ensino médio, ou seja, era um curso posterior ao médio, ou concomitante a ele, em duas escolas diferentes ou na mesma escola, mas com matrículas diferentes. Existia, ainda, uma condição: ter sido aprovado na primeira série do ensino médio. Só dessa forma o aluno poderia matricular-se na educação profissional. Essa situação foi consequência do Decreto Presidencial n. 2.208, do presidente Fernando Henrique Cardoso. Esse decreto, a sanção da lei que proibia a expansão da rede federal e o financiamento, com recursos do Banco Interamericano de Desenvolvimento (BID), da educação profissional para a expansão desta, mediante acordos com estados e entidades privadas sem fins lucrativos, foram os pilares da política de educação profissional do governo anterior, que tinha por objetivo reduzir ao máximo a presença do Estado nessa modalidade de educação.

Em 2003, por iniciativa da então Secretaria de Ensino Médio e Tecnológico (Sentec), do Ministério da Educação, foram realizadas diversas audiências públicas com todos os atores envolvidos na educação profissional para discutir as mudanças ou a revogação do Decreto n. 2.208. Ao mesmo tempo, foi enviada ao Congresso Nacional, por iniciativa do MEC/Sentec, proposta de lei permitindo a expansão da rede federal de educação profissional (essa iniciativa estava no propósito de pensar para o Brasil, durante o programa de governo do então candidato a presidente Luiz Inácio Lula da Silva, um ciclo de desenvolvimento do qual o país tanto precisava. Nesse desenvolvimento, a educação profissional teria um papel muito importante). Durante quase um ano, foram realizados debates, seminários e audiências públicas, e chegou-se a uma forma política, que foi majoritária, para o conteúdo do decreto presidencial que substituiria o 2.208. O Decreto n. 5.154 permite uma alternativa a mais para cursar o ensino médio e a educação profissional, mediante a integração dos dois, e foi concebido para atender a todos os sistemas de ensino, responsáveis pelo ensino médio e profissional, que se dispusessem a isso, uma vez que é uma opção e não uma obrigação.

Faltou ao governo investir nessa ideia, apoiando não só os Centros Federais de Educação Tecnológica e as escolas agrotécnicas, mas também e principalmente as redes estaduais, onde se encontra a maioria dos estudantes de ensino médio. As Diretrizes Curriculares Nacionais do Ensino Médio já permitem, sem necessidade de aplicação do Decreto n. 5.154, uma quase iniciação profissional, caso as redes estadual e federal aplicassem o que elas indicam. Mais recentemente, o governo federal percebeu o erro que estava cometendo e lançou o programa Brasil Profissionalizado, que é um investimento de R$ 900 milhões nas redes estaduais de ensino médio e de educação profissional que trabalhem com a integração dos dois, o médio e o profissional. Se houver convicção nessa ideia, o Brasil pode dar um grande salto na formação do jovem na etapa do ensino médio.

Foi implantado, no caso da rede federal, o programa de educação de jovens e adultos, o Proeja, que é a integração do ensino médio e do profissional. A implantação foi tímida, pois atingiu 10% das vagas existentes na rede federal. Dentro dessa perspectiva de atrair o jovem para a escola, o programa Projovem, que integra o ensino fundamental com iniciação profissional, tem tudo para dar certo, mas encontra dificuldades na implementação em razão de problemas políticos da oposição e porque foi idealizado para existir fora das redes escolares, o que causa problemas de evasão, já que o estudante não recebe atendimento da escola pública nem outras formas de apoio.

Mas a grande tragédia do ensino médio acontece no período noturno. Estudo do Ipea, de dezembro de 2006, informa que, dos 1,2 milhão de jovens que abandonaram o ensino médio em 2003, 70% cursavam o noturno. Há quase 4 milhões de jovens frequentando as escolas no período noturno. Esse período é o que concentra as piores condições de aprendizado para nossos jovens: falta de professores, violência, iluminação precária, falta de segurança, transporte falho, entre outras. A evasão e a repetência atingem quase 50% dos alunos do turno da noite.

Os alunos do noturno, em geral, trabalham formal ou informalmente e, quando desempregados, procuram emprego durante o dia, diferentemente dos jovens matriculados no diurno, que em geral têm mais e melhores condições para se dedicar à escola e às atividades escolares.

Mesmo com a implantação do Fundeb, que deverá aportar quase R$ 40 bilhões em dez anos, essas distorções tendem a permanecer, pois não são inerentes à escola, mas também dependem de desigualdades socioeconômico-culturais.

São necessárias outras alternativas que valorizem esses alunos e permitam que eles tenham as mesmas condições de acesso ao mundo do trabalho ou a cursos de graduação, universitários ou não.

A proposta é para que os jovens acima de 18 anos, que estão concluindo o ensino fundamental, tenham acesso ao ensino médio de forma diferenciada daqueles que estão na idade regular e querem e podem frequentar aulas no período diurno. Os jovens acima de 18 anos fariam matrícula no período noturno em cursos de Educação de Jovens e Adultos (EJA), que incluam uma iniciação profissional. Nesse caso, de acordo com as diretrizes curriculares da EJA, pode-se pensar em cursos de 1.600 horas (dois anos), ao final dos quais o aluno teria o certificado do ensino médio e um certificado de iniciação profissional. A iniciação profissional estaria incluída num dos itinerários formativos, e as disciplinas profissionais teriam como referência os arranjos produtivos locais.

O desafio dessa proposta é garantir a qualidade desse novo modelo. Nesse sentido, podem ser aproveitadas e melhoradas as experiências desenvolvidas pela Rede Federal de Educação Tecnológica, como forma de viabilizar o Projeto de Educação Profissional de Jovens e Adultos (Proeja), conforme o Decreto n. 5.840/06.

O custo de sua implantação, sobretudo em termos de especialização e aperfeiçoamento dos professores, virá da economia feita com a transformação de um curso de três anos em um curso de dois anos. Sem contar o custo da evasão e da repetência, que terão seus índices sensivelmente diminuídos. Uma vantagem adicional dessa proposta é a oportunidade de atrair jovens que já abandonaram a escola pela falta de perspectivas que o currículo lhes apresentava.

Pode-se cogitar ainda a concessão de bolsas de estudo para aqueles alunos, maiores de 15 e menores de 18 anos, que desejem se transferir para o período diurno, mas estejam trabalhando. Essa é uma das propostas do Ipea para melhorar a educação básica que consta no estudo anteriormente citado.

Escassez de professores

Recentemente, o Conselho Nacional de Educação publicou relatório referente à escassez de professores na educação básica (19), mais especificamente no ensino médio. A comissão indicada para o estudo apresentou dados que chocam, sobretudo quando se discute a qualidade da educação.

Os dados estão baseados no cálculo do número de professores necessários para atender todos os alunos matriculados no ensino médio e nos últimos anos da educação fundamental, nas disciplinas de Física, Matemática, Química, Biologia e Ciências. Esses números têm como referência o número de turmas calculado em função da média do número de alunos por sala de aula, nas disciplinas citadas e no número de horas por semana, nessas mesmas disciplinas. Por exemplo, em Matemática seriam necessários 108.889 professores. Esse número, quando comparado com o número de professores habilitados que estão dando aula (de acordo com o Censo do Professor de 2003), que é de 31.374 ou 20,4%, impressiona negativamente. Ainda em Matemática, há 34.668 professores dando aula que não possuem nenhuma graduação.

Situação pior é a de Física e Química. Em Física seriam necessários 56.602 professores para atender todos os alunos matriculados em 2006. Estão dando aula de Física 31.175 profissionais e, destes, somente 3.095 são habilitados na disciplina. Em Química há somente 50% dos professores necessários dando aula e, dos que estão em sala de aula, apenas 22% estão habilitados. Em resumo, todos os profissionais de Física e Química, formados nos últimos 25 anos, não seriam suficientes para atender às necessidades de hoje. Essa é a grande tragédia, a respeito da qual não há nenhuma manifestação no PDE, como se esse problema não existisse.

A seguir seguem algumas propostas do relatório da comissão do Conselho Nacional de Educação/Coordenadoria de Ensino Básico (CNE/CEB) para atenuar emergencialmente esse problema:

- Contratação de profissionais liberais como docentes;
- Aproveitamento emergencial de alunos das licenciaturas como docentes;
- Incentivo ao retardamento da aposentadoria de professores;
- Incentivo para professores aposentados retornarem à atividade docente;
- Contratação de professores estrangeiros para disciplinas específicas e por tempo determinado, caso continue a carência após as medidas tomadas para esse fim.

Um sistema nacional de educação

De acordo com obra deste autor (19), a criação de um sistema nacional de educação é essencial para assegurar tratamento prioritário à educação: o projeto de nação para o Brasil supõe um projeto nacional de educação. Portanto, a educação precisa ser considerada em sua totalidade e articulada nos diversos níveis de administração – União, estados, Distrito Federal e municípios –, nos diferentes níveis, modalidades, graus e etapas da própria educação.

Nesse sentido, o Brasil e a Espanha enfrentam problemas muito semelhantes, embora com nomes diferentes. Na Espanha, as Comunidades Autônomas, quando da aprovação dos seus Estatutos Autonômicos, reivindicaram políticas autônomas para a educação, que trouxeram sobreposições, distorções, dificuldades e muitos benefícios. No caso dos Centros de Professores, a autonomia levou a que tivessem tratamento diferenciado, e alguns deles foram até fechados, causando sérios estragos, na opinião do autor deste trabalho.

Se eles tiveram influência direta na melhoria da qualidade da educação básica, num momento delicado, quando a jovem democracia espanhola se consolidava, sua ausência ou deterioração pode ter acarretado a estagnação dos resultados do Informe Pisa 2003 e a queda no Informe Pisa 2006. Seriam necessários estudos específicos para verificar se há correlação entre esses fatos.

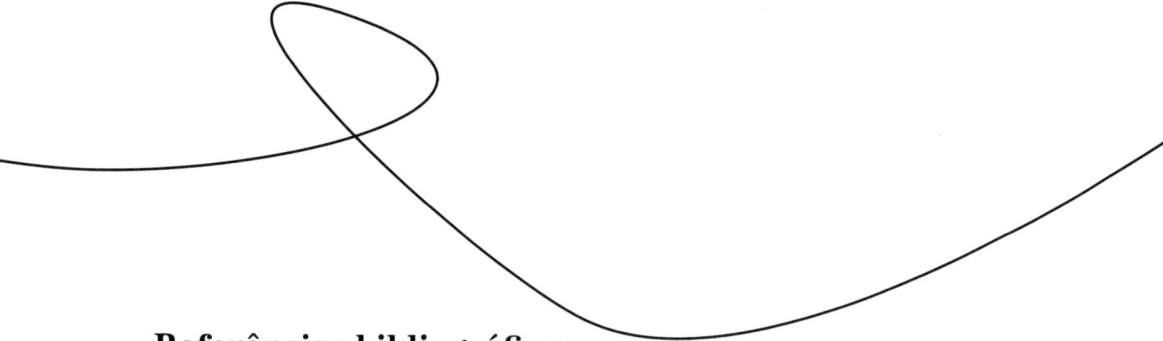

Referências bibliográficas

(1) IBÁÑEZ, A. R. *As políticas de educação básica na Espanha democrática. Comentários a respeito da educação básica brasileira.* Conselheria de Educação da Embaixada da Espanha no Brasil, MEC – Espanha, Brasília, 2007.

(2) PUELLES, M. de B. *Educación e ideología en la España contemporánea.* España: Tecnos, 1967. p. 397.

(3) LLORENTE, L. G. De donde venimos e adonde vamos. Bosquejo de una trayectoria. In: GIMENO, J. S.; CARBONELL, J. S. (Coords.). *El sistema educativo. Una mirada crítica.* Barcelona: Praxis, 2004. p. 15.

(4) PUELLES, M. de B. *Educación e ideología en la España contemporánea.* España: Tecnos, 1967. p. 367.

(5) IBÁÑEZ, A. R. *As políticas de educação básica na Espanha democrática. Comentários a respeito da educação básica brasileira.* Conselheria de Educação da Embaixada da Espanha no Brasil, MEC – Espanha, Brasília, 2007. p. 145.

(6) LEZCANO, F. Enseñanza Pública – Enseñanza Concertada. In: *Informe Educativo 2000. Evaluación de la Logse, Fundación Hogar.* España: Santillana, 2000. p. 246.

(7) TIANA, A. F. *Educação e conhecimento.* Brasília: Unesco, 2003. p. 300.

(8) VÁRIOS. Informe Pisa 2003. *Aprender para el mundo de mañana.* Madrid: Santillana, 2005.

(9) SACRISTÁN, J. G. La Calidad del Sistema Educativo vista desde los Resultados que Conocemos. In: SACRISTÁN, J. G.; CARBONELL, J. S. (Coords.). *El sistema educativo. Una mirada crítica.* Barcelona: Praxis, 2004. p. 192.

(10) OECD. *Briefing Note for Spain, Education at a Glance 2006.* Paris, 2006.

(11) ESPAÑA, MEC. Decreto 2.112, de 14 de noviembre de 1984. Boletín Oficial del Estado (BOE), del 24 de noviembre de 1984.

(12) IBÁÑEZ, A. R. *As políticas de educação básica na Espanha democrática. Comentários a respeito da educação básica brasileira.* Conselheria de Educação da Embaixada da Espanha no Brasil, MEC – Espanha, Brasília, 2007. p. 75.

(13) ZABALETA, P. del Blás. La Educación Secundaria en el Sistema Educativo Español. In: PUELLES, M. de B. *Política, legislación e instituciones en la educación secundaria.* Barcelona: Horsoni, 1996. p. 67-68.

(14) GUTIÉRREZ, J. A. R. La formación permanente. *Revista de organización y gestión educativa,* n. LXII, 2005. p. 13-15.

(15) ESPAÑA, MEC. *La profesión docente. Diagnóstico del sistema educativo. La escuela secundaria obligatoria.* Madrid: Ince, 1998.

(16) PUELLES, M. de B. *Educación e ideología en la España contemporánea.* España: Tecnos, 1976. p. 373.

(17) FRIAS DEL VALL, A. S. Los Consejos Escolares de Centro en nuestra reciente Historia Legislativa. In: *Participación educativa,* julio, Madrid, Consejo Escolar del Estado, 2006. p. 9.

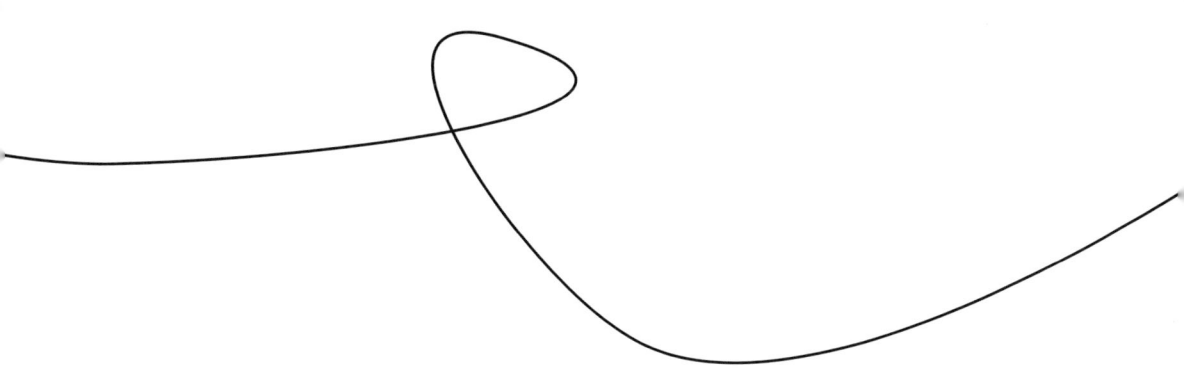

(18) IBÁÑEZ, A. R. *As políticas de educação básica na Espanha democrática. Comentários a respeito da educação básica brasileira.* Conselheria de Educação da Embaixada da Espanha no Brasil, MEC – Espanha, Brasília, 2007. p. 123.

(19) IBÁÑEZ, A. R.; NEVES, M. R.; HINGEL, M. *Escassez de professores no ensino médio.* Brasília: Câmara da Educação Básica. Conselho Nacional de Educação, 2007.

(20) BRASIL, CNE. *Diretrizes curriculares nacionais para o ensino médio.* Brasília: Conselho Nacional de Educação. Câmara da Educação Básica, 1998.

(21) MACHADO, M. A. de M. *Autonomia escolar no Brasil.* Brasília: Conselho de Secretários Estaduais de Educação (Consed), 2006.

(22) SOARES, S. S. D. *A repetência no contexto internacional: o que dizem os dados de avaliações das quais o Brasil não participa?* Brasília: Instituto de Pesquisa Econômica Aplicada (Ipea), agosto, 2007. (Texto para Discussão 1.300.)

(23) MOTA, C. R. e outros. *A estrutura escolar e os rumos da educação – Série e fase: um estudo comparativo.* Brasília: Missão Criança, 2000.

(24) IBÁÑEZ, A. R. Ausências do PDE. *Escola,* n. 1. Brasília: Confederação Nacional dos Trabalhadores em Educação (CNTE), 2007. p. 9-10.

(25) _____. A Capes da educação básica. *Jornal da Ciência Hoje.* Rio de Janeiro: Sociedade Brasileira para o Progresso da Ciência (SBPC), 20 de novembro, 2006.

(26) SAN FABIÁN, J. L. M. Por qué lo llaman educación cuando quieren decir poder? In: *Organización y Gestión,* año XIII, n. 1. Madrid: Praxis, 2005. p. 10.

Biografia

Antonio Ibáñez Ruiz nasceu em Madri em 1943 e veio para o Brasil em 1960. Graduou-se engenheiro mecânico pela Escola de Engenharia de São Carlos da USP (EESC-USP). Em 1967 ingressou como professor do Departamento de Engenharia Mecânica da Universidade de Brasília (UnB). Em 1972 fez o mestrado em Engenharia na Universidade Federal do Rio de Janeiro (UFRJ) e, em 1977, obteve o Ph.D. pela Universidade de Birmingham (Inglaterra). Foi decano de Assuntos Comunitários (1985-1987) e reitor (1989-1993) da UnB. Foi também secretário de Educação do Distrito Federal, no governo petista de 1995-1998. Em 2002, coordenou a Comissão do Programa de Educação Básica de Luiz Inácio Lula da Silva, então candidato à Presidência da República. Foi ainda secretário de Ensino Médio e Profissional do MEC (2003-2004) e secretário de Educação Profissional e Tecnológica do MEC (2004-2005). Participou como conselheiro da Câmara de Educação Básica do Conselho Nacional de Educação (2005-2008) e atualmente é professor da UnB e secretário--executivo substituto do Ministério da Ciência e Tecnologia (2007).

Além de escrever artigos e proferir palestras sobre políticas públicas de educação, em especial de educação básica, é autor de *As políticas de Educação Básica na Espanha democrática. Comentários a respeito da Educação Básica brasileira* (Coleção Orellana, Ministério da Educação espanhol, 2007).

Sugerencias para mejorar la educación básica:

estudio comparativo entre España y Brasil

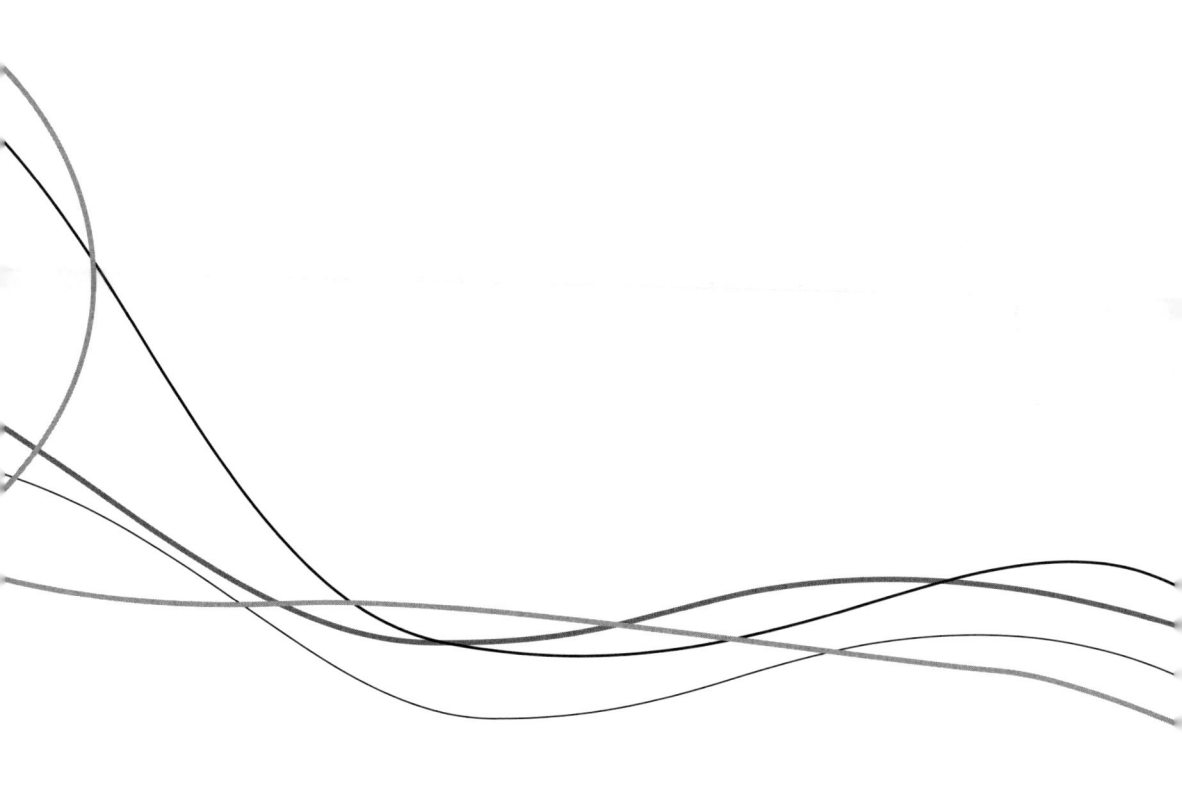

Presentación

La educación brasileña fue marcada, en la segunda mitad de la década de 1990, por la implementación de cambios, consecuencia de la Lei de Diretrizes e Bases da Educação (Ley de Directivas y Bases de la Educación), sancionada a fines de 1996.

No hay modo de ignorar que muchos de esos cambios fueron influenciados por las reformas que tuvieron lugar en España en las décadas de 1980 y 1990. En el período, figuras importantes vinculadas a la formulación de la reforma española, como César Coll y Álvaro Marchesi, además de colaboradores de éstos, prestaron asesoría directa al gobierno de Fernando Henrique Cardoso.

Posteriormente, ya al inicio del 2000, diversos medios de comunicación y diferentes entidades dieron destaque al éxito alcanzado por la educación española, entre ellas la Confederación Nacional de la Industria (CNI) y la Organización de las Naciones Unidas para la Educación, la Ciencia y la Cultura (Unesco).

En 2006, CNI presentó a todos los candidatos a la Presidencia de la República de Brasil un documento con propuestas para la educación que mencionaba explícitamente la evolución que España, Finlandia, Irlanda y Corea del Sur habían probado en los últimos 30 años. La Unesco, por su parte, protagonizó un encuentro, en 2003, en que esos cuatro países fueron invitados a exponer sus políticas exitosas para la educación básica.

Teniendo como objetivo presentar los principales aspectos responsables por el éxito de las reformas educacionales implantadas en la década de 1980 en España, publicamos recientemente un libro (1), en el que destacamos dos temas: perfeccionamiento o educación continuada de los profesores de la educación básica y gestión democrática de las escuelas. A la luz de ese estudio, es posible llegar a algunas conclusiones al respecto de la política de educación básica implementada en Brasil, en la década de 1990, y presentar sugerencias que pueden contribuir con la mejora de la calidad de la educación básica del país hoy, en especial en la enseñanza secundaria.

En el primer capítulo de la presente obra ofrecemos un panorama del sistema educacional que pasó a vigorar luego de la dictadura militar en España y de las dos primeras leyes de la reforma educacional aprobadas durante el primer gobierno del Partido Socialista Operario Español (PSOE).

El segundo capítulo está dedicado al detallado de los dos temas de la reforma educacional española arriba destacados.

En el tercer capítulo se presentan las políticas educacionales brasileñas relativas a esos dos temas. El perfeccionamiento de los profesores y la gestión democrática fueron también destaque en los cambios educacionales introducidos en el Distrito Federal entre 1995 y 1998 y, por ese motivo, se discuten en ese capítulo.

El último capítulo trae sugerencias para la mejora de la educación brasileña.

Capítulo 1
La legislación educacional en España luego de la Constitución de 1978

Después de 40 años de durísima dictadura, la sociedad española pudo volver al ejercicio del diálogo durante la transición democrática, cuando se firmaron los Pactos de Moncloa (1977). La consolidación de ese diálogo se dio con el acuerdo de los partidos políticos en el Parlamento, estableciendo las reglas de la convivencia democrática y dándole vida a la Constitución de 1978.

Según Puelles (2):

"Estos pactos tienen una notable importancia porque señalan el comienzo de una política de concertación social entre el Gobierno, la patronal y los sindicatos obreros para, de común acuerdo, hacer frente a los graves problemas derivados de la crisis económica (...)

Una de las finalidades principales de los Pactos de la Moncloa fue la realización de una política de contención salarial. La oposición solicitó, a cambio, una serie de contrapartidas sociales que, en lo que concierne a la educación, se centró fundamentalmente en las siguientes: programa extraordinario de creación de centros públicos, estatuto de centros subvencionados; estatuto del profesorado, mejora de la calidad del sistema educativo e incorporación de las demás lenguas nacionales a la enseñanza.

De todas las contrapartidas exigidas, solamente la primera y la última se cumplieron. De ello se benefició la enseñanza pública, realizándose inversiones por valor de más de 40.000 millones de pesetas, a lo largo de los años

1977-1979, lo que supuso duplicar prácticamente los presupuestos de inversión durante estos tres años."

Era de esperarse que el fin de los 40 años de dictadura fuera marcado por alguna seña que sirviera de alerta para las generaciones futuras sobre el sufrimiento que había probado el pueblo español en razón de decisiones anteriores — cuya discusión no cabría aquí — que acabaron por privar a la nación del grado de desarrollo social y cultural alcanzado por la mayoría de los países democráticos, en especial los europeos. Esa señal, que debería marcar la posición de repudio a la situación de la cual la sociedad estaba libertándose, vino con mucha fuerza y de un modo radical: la intransigente reivindicación de democratización de la sociedad. Pero la democratización de la sociedad pasaba también por la democratización de la educación.
En palabras de Llorente (3):

"El hilo conductor de la escuela durante las últimas tres décadas no fue otro sino el denodado esfuerzo para democratizar el sistema educativo.

Este propósito de democratizar la enseñanza se inscribió, como es obvio, en un proyecto intergeneracional, y en cierto modo inacabado, más amplio: democratizar el país. Hacer por fin realidad la antigua aspiración tantas veces frustrada de europeizar a España."

La aspiración de europeizar a España estaba muy presente en los años 1960 e inicio de los 1970. La llegada maciza de extranjeros al territorio español, con el inicio de la explosión del turismo, y la imposibilidad de que la mayoría de los españoles hiciera ese mismo viaje en el sentido contrario, marcaron muy fuertemente la generación de los jóvenes (alrededor de los 20 años) de la década de 1970. Pero no era apenas la cuestión del turismo; la aspiración de europeizar a España se concretaba en el deseo de construir un Estado de Bienestar Social semejante al de los países de la Unión Europea, de garantizar una democracia representativa estable, de conseguir una convivencia respetuosa e independiente entre el Estado y la Iglesia Católica y en el reconocimiento, sin grandes tensiones, de la necesidad de elaborar los estatutos de las regiones autónomas. Resumiendo: ingresar en la antigua Comunidad Europea y dejar de ser un país periférico europeo, ¡era esa la gran aspiración!

Esas aspiraciones típicas de la clase media eran aparentemente compartidas por mucho más personas en los últimos años del gobierno de Franco y durante la transición. Claro que eso no eliminaba los con-

flictos de clase que existían y que aún existen, principalmente, las tensiones políticas que emergían constantemente en la discusión sobre el grado de autonomía que tendrían las Comunidades Autónomas.

Para que la aspiración se volviera realidad, la palabra mágica era modernizar. En el caso de la educación y tomando como referencia los países europeos, sería necesario mejorar mucho los indicadores educacionales, aumentar la escolarización, que aún presentaba niveles muy bajos y, obviamente, democratizar la educación. El índice de analfabetismo alcanzaba el 11% de la población total, en 1975, mientras que el Producto Interno Bruto (PIB) del país ocupaba la novena posición en el ranking *mundial. Esas eran las tareas más importantes que los gobernantes tenían por delante: partir de un modelo político, económico, social y cultural muy atrasado, a pesar de la "modernización" de la dictadura durante los últimos años de su existencia, y llegar al punto de desarrollo de los países europeos. A continuación se presentan los problemas existentes en la época de la transición en la visión del profesor Puelles (4):*

"El problema de la escolarización de los niños

De todos los niveles prescritos por la Ley General de Educación, la educación preescolar ha sido, sin duda, el más abandonado y el que necesitaba una atención inmediata. Superada aquella concepción pedagógica tradicional, que colocaba en los seis años la edad propicia para iniciar el proceso de aprendizaje, la tendencia actual ha ido imponiendo de hecho la escolarización del niño a edad más temprana como consecuencia de factores sociológicos nuevos: la urbanización creciente, la incorporación de la mujer casada al mercado de trabajo o la aparición de la familia nuclear y monoparental. Más aún, la pedagogía actual insiste en que solo la educación preescolar puede compensar las desigualdades culturales de origen familiar, íntimamente ligadas al nivel de renta. (…) Lo cierto es que, acosado por las obligaciones derivadas de la extensión de la educación básica, el Estado apenas puso en aplicación dicha medida.

(…) En efecto, la escolarización pública, acelerada a partir de 1968, tuvo que acudir a medidas excepcionales, como la adaptación de locales comerciales, naves industriales, aulas prefabricadas de mala calidad, sistemas de dobles turnos, etc.

El problema de la calidad de la educación

(…) Posiblemente, el problema de la calidad de la enseñanza sea el más importante para la España del año 2000. Hasta 1974, la Administración educativa se vio desbordada por el problema de la escolarización en nivel obligatorio de la educación general básica. Resuelta la escolarización y acometido el déficit funcional por los Pactos de la Moncloa, la calidad de la enseñanza aparecía como un objetivo prioritario.

Como se sabe, no es fácil hoy medir la calidad del <producto> educación. Sin embargo, existen indicadores que pueden arrojar alguna luz sobre la enseñanza que se imparte. Nos referimos a la relación alumnos/profesor, situación física de los centros docentes, tasas de <mortalidad escolar>, número y calidad del profesorado, planes y programas de estudio, etc. A este respecto parece que había en 1975 un generalizado consenso en la opinión pública sobre el bajo rendimiento de los centros docentes, de los estatales en primer lugar, pero también de los privados. En otras palabras, el sistema educativo español adolecía fundamentalmente de una insuficiente calidad de enseñanza" (...).

Es importante registrar que, en los años de transición, el mundo estaba inmerso en una crisis económica de grandes proporciones, como consecuencia del primer gran choque del petróleo, ocurrido en 1973. Por eso, uno de los objetivos de esos pactos era crear una política de contención salarial mediante contrapartidas sociales.

A pesar de las dificultades habidas durante la transición, podemos afirmar que ésta fue extremamente eficiente desde el punto de vista político, pues sirvió para trabajar consensos, muy útiles en la elaboración de la Constitución de 1978.

Las dos leyes aprobadas durante el primer gobierno del PSOE, iniciado en 1982, la Ley Orgánica del Derecho a la Educación (Lode) y la Ley Orgánica de Ordenación General del Sistema Educacional (Logse), correspondieron al conjunto de propuestas de cambios para la educación, dentro del programa de gobierno presentado durante la campaña electoral. Posteriormente, luego de la salida del primer gobierno socialista y durante el gobierno del Partido Popular, fue aprobada la Ley Orgánica de la Calidad de la Educación (Loce), que no llegó a entrar en vigor en razón de la victoria de los socialistas. Durante el primer mandato de los mismos, entre 2004 y 2008, una nueva ley fue aprobada, con el nombre de Ley Orgánica de la Educación (LOE).

Ley Orgánica del Derecho a la Educación (Lode)

La Lode tiene importancia fundamental porque reglamenta la participación de los diversos actores involucrados en la educación — profesores, padres, alumnos y funcionarios no docentes — en los varios órganos creados con el objetivo de democratizar la educación. La participación se inicia en el Consejo Escolar de la escuela y llega al Consejo Escolar del Estado. La ley establece también, por primera vez, la participación en la enseñanza de los actores involucrados, considerándolo una competencia compartida entre el Estado y las Comunidades Autónomas.

La Lode también establece el derecho a la elección de la escuela, por parte de los padres, y el derecho de que sus hijos reciban una formación religiosa de acuerdo a sus convicciones.

Con esa ley, el gobierno intenta garantizar una formación para la ciudadanía, en que el alumno comienza a conocer sus responsabilidades en la elección de los dirigentes. Al mismo tiempo intenta garantizar una especie de autogobierno de las instituciones, aunque muy tenue y principalmente porque la ley no menciona recursos financieros ni recursos humanos.

Ley Orgánica de Ordenación General del Sistema Educacional (Logse)

La Logse fue publicada en 1990, ocho años luego de que el gobierno socialista llegara al poder. En realidad, esa demora, si es que se le puede llamar así, se debió a dos diferenciales que necesitan ser registrados. El primero se refiere a la opción de los socialistas por hacer un experimento, antes de elaborar la ley, con aquello que pretendían que la reforma fuera. El segundo diferencial es el debate que precedió a la elaboración de la ley.

No cabe discutir en este espacio los dos diferenciales, pues la propuesta de esta publicación es otra, ya definida en la presentación. Sin embargo, el proceso utilizado para implantar las reformas fue bastante pedagógico, y muy ricas las discusiones que el mismo engendró.

Para efecto de aclaración, en el caso español, la educación básica se compone de la enseñanza primaria y de la enseñanza secundaria obligatorias. Aquella corresponde a la educación obligatoria, con duración de 10 años, que comienza a los 6 y se extiende hasta los 16 años de edad.

En el caso brasileño, por su parte, la educación básica comprende la infantil, la primaria y la enseñanza secundaria, aquí incluida también la formación profesional. La educación obligatoria se inicia a los 6 y se extiende hasta los 14 años y es gratuita.

La Logse le determina al gobierno que fije los contenidos mínimos para garantizar una formación común a todos los alumnos y la validad en todo el territorio de los títulos correspondientes. Esos contenidos mínimos no pueden exceder el 55% de los horarios escolares en el caso de las Comunidades Autónomas que tienen lengua diferente del castellano y el 65% en el caso de aquellas que no la tengan diferente.

La garantía de existencia de un programa común a todos los estudiantes, aunque con ligera diversificación de contenidos en los últimos años, propiciará la existencia de una escuela comprensiva (expresión traducida del término en lengua inglesa comprehensive school. Esas expresiones indican una escuela que no segrega (5), que no selecciona prematuramente y en la cual, por lo tanto, la enseñanza es común a todos los niños.).

Aunque la educación obligatoria se prolongue hasta los 16 años, está permitido que los alumnos permanezcan hasta los 18 para concluir esa etapa. **Esa diferencia es de relevancia con relación al Brasil, pues aquí no hay límite de edad para concluir cualquier etapa de enseñanza, una de las causas de la enorme diferencia entre edad y grado en los establecimientos escolares.**

Las mayores diferencias entre la estructura de la enseñanza brasileña y la de la enseñanza española ocurren en la enseñanza secundaria. Por ese motivo buscaremos detallar más esa etapa.

Enseñanza secundaria

Esa etapa comprende la enseñanza secundaria obligatoria, entre los 12 y los 16 años de edad, la cual completa la educación básica luego de la enseñanza primaria; la enseñanza secundaria post obligatoria, a partir de los 16 años; y la formación profesional específica. El cuadro a continuación muestra un esquema de la educación básica relacionada con la edad. Lo que interesa, en el cuadro, para este trabajo, es lo que está debajo del "régimen general".

Enseñanza secundaria obligatoria

La enseñanza secundaria obligatoria tiene como finalidad transmitirle a los alumnos los elementos básicos de la cultura y formarlos para asumir sus deberes y ejercer sus derechos y prepararlos para que se incorporen a la vida activa o se sometan a la formación profesional específica de nivel secundario o a la enseñanza secundaria post obligatoria.

Esa etapa dura cuatro años lectivos, está formada por dos ciclos de dos años y se ofrece por área del conocimiento. En el segundo ciclo, *especialmente en el último año, algunas áreas pueden ser optativas, así como su organización en disciplinas.*

La organización de los docentes debe cumplir con la pluralidad de necesidades, aptitudes e intereses de los alumnos. Las autoridades educacionales de los gobiernos regionales, dentro de la legislación en vigor, deben favorecer la autonomía de las escuelas en lo que se refiere a la definición y al programa de las disciplinas optativas.

La evaluación de la enseñanza secundaria obligatoria es continuada, o sea, no hay exámenes o pruebas a lo largo del ciclo. El alumno que no es aprobado en el primer ciclo de esa etapa, debe permanecer en él un año más y, si es reprobado en el segundo ciclo, solo podrá permanecer un año más para intentar obtener aprobación. Los alumnos que alcanzan los objetivos de la etapa se gradúan en la enseñanza secundaria y pueden frecuentar el post obligatorio y la formación profesional de nivel secundario.

Para los alumnos que no alcanzan los objetivos de la enseñanza secundaria obligatoria se organizan programas de garantía social, según indicado en el cuadro, que nada más son sino cursos específicos de iniciación profesional que les proporcionen integración a la vida activa y posteriormente la continuación de los estudios, especialmente de formación profesional.

Bachiller o enseñanza secundaria post obligatoria

El bachiller o la enseñanza secundaria post obligatoria no está incluida en la educación básica, pero es condición para el ingreso en la universidad. Se compone de dos años lectivos, con modalidades diferentes, que le proporcionan a los alumnos una preparación especializada. Las modalidades posibles son: Artes, Ciencias de la Naturaleza y de la Salud, Humanidades y Ciencias Sociales y Tecnología.

La enseñanza secundaria post obligatoria está organizada en materias comunes, materias propias de cada modalidad y materias optativas. Las materias comunes son: Educación Física, Filosofía, Historia, Castellano, Lengua oficial propia de la Comunidad Autónoma correspondiente y Lengua Extranjera.

En el caso de que sean aprobados en todas las disciplinas, los alumnos reciben el título de bachiller y estarán aptos a hacer el examen de ingreso a los estudios universitarios, el cual, junto con las notas obtenidas en el bachiller, determina si el candidato está o no apto a cursar la universidad. El alumno también puede iniciar la formación profesional de nivel superior, que dura menos que los cursos de graduación y es calificada como técnica. Es el caso, por ejemplo, del curso de Ingeniería Técnica Industrial.

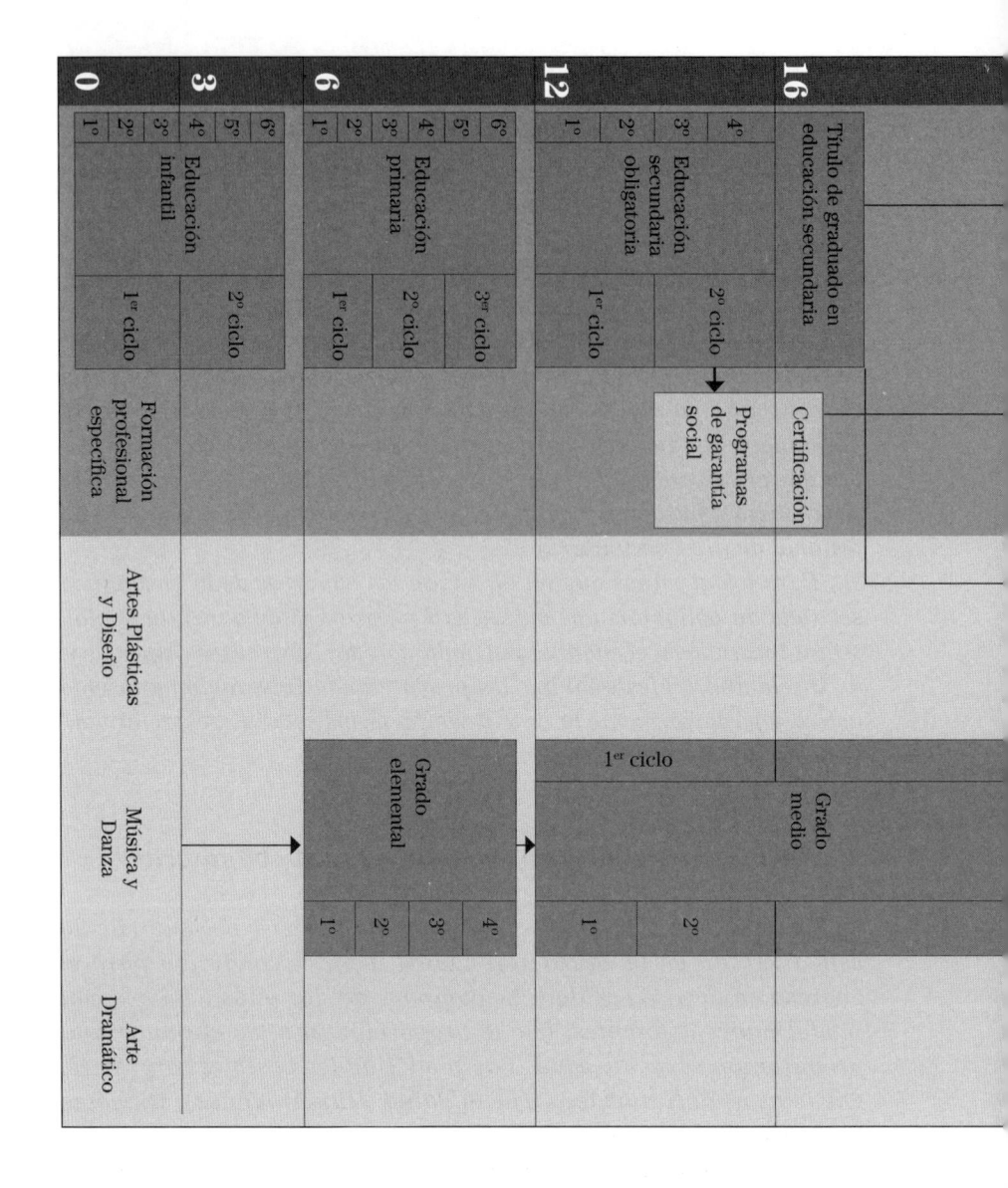

Los profesores que dan clases en esa etapa de la enseñanza son los mismos de la etapa anterior.

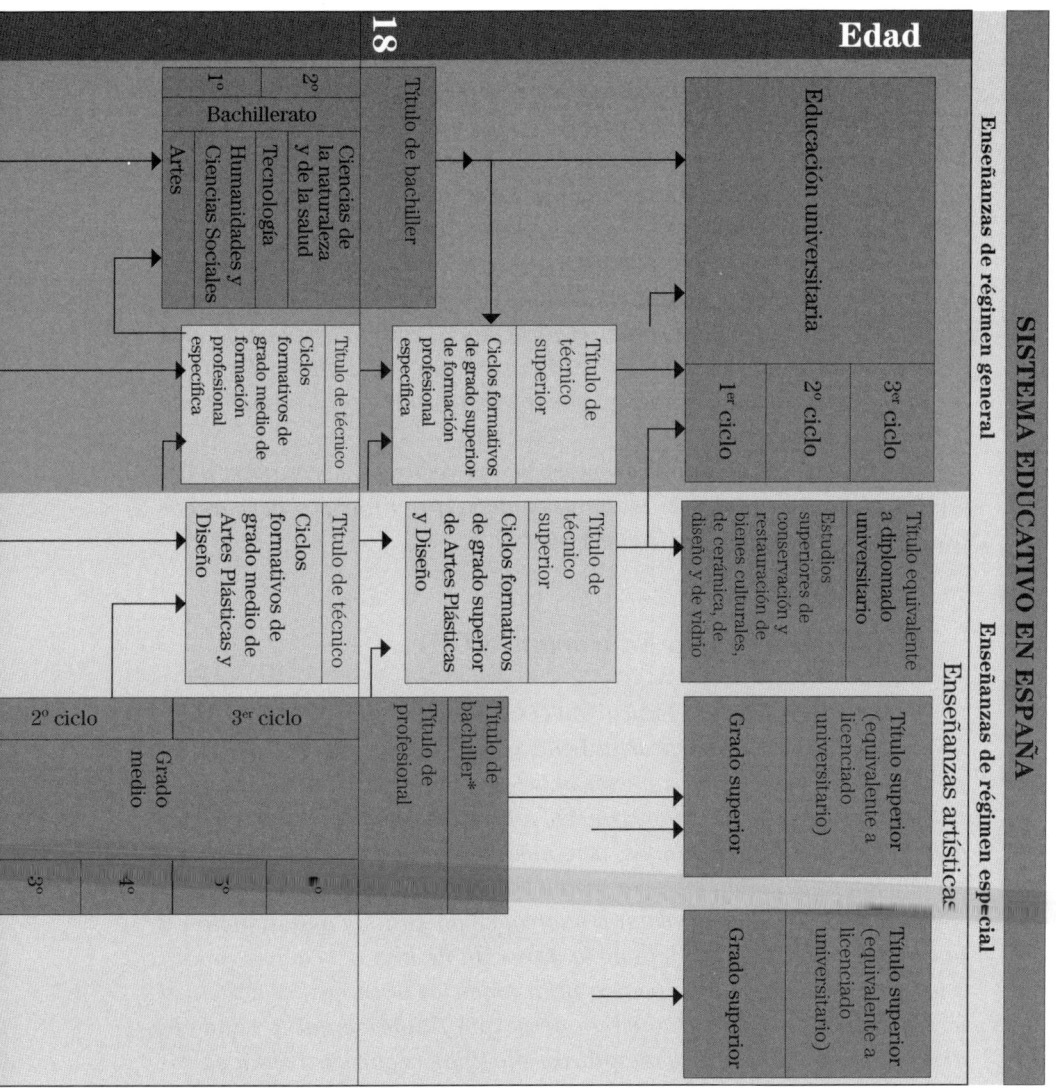

*Con materias comunes de bachillerato

Formación Profesional

Para la Logse, la formación profesional capacita al alumno al desempeño de diferentes profesiones. Incluye, también, cursos correspondientes a la formación profesional inicial y actividades de inserción y reinserción de trabajadores.

La formación profesional específica comprende un conjunto de ciclos de organización modular y duración variable, constituida por áreas del conocimiento teórico-prácticas, en consonancia con los diversos campos profesionales. Los ciclos tienen correspondencia en el nivel secundario y superior. Es posible, mediante equivalencias entre las disciplinas cursadas en esa etapa y las disciplinas del bachillerato, continuar estudios volcados hacia la universidad.

Es posible también ingresar en la formación profesional específica sin cumplir los requisitos académicos establecidos, mediante una prueba reglamentada por las administraciones educacionales, que evalúa la preparación de los candidatos.

De los profesores de formación profesional específica se exigen los mismos requisitos de aquellos de la enseñanza secundaria. Para determinadas áreas o disciplinas, pueden contratarse profesionales que actúen en el área.

El sistema educacional dispone de los recursos necesarios para que los alumnos con necesidades especiales, transitorias o permanentes, alcancen los objetivos establecidos.

Ley Orgánica de la Educación (LOE)

La Ley Orgánica de la Educación (LOE) no se diferencia mucho de la Logse, pero incorpora parte de la Lode, algunos puntos de la legislación propuesta por el gobierno anterior al del primer ministro, José Luis Zapatero, y cambios promovidos por éste último. Muchas de ellas se refieren a la evaluación de los alumnos, pero siempre manteniendo el proceso de evaluación continuada que, por ese motivo, no será aquí mencionada.

Con relación a la educación básica, se da énfasis a la atención a la diversidad: "Sin perjuicio de la garantía de una educación común a lo largo de la educación básica para todos los alumnos, se adoptará la atención a la diversidad como principio fundamental. Cuando la diversidad lo requiera, se adoptarán medidas organizativas y curriculares pertinentes, según lo dispuesto en la presente Ley".

Resaltamos algunos de los principales cambios referentes a la enseñanza secundaria:
- *Todos los alumnos deben cursar, a lo largo de los tres primeros años, la disciplina Educación para la Ciudadanía y los Derechos Humanos, en que se da atención especial a la igualdad entre hombres y mujeres;*
- *Los alumnos también pueden cursar, a lo largo de los tres primeros años, alguna disciplina optativa, entre ellas una segunda lengua extranjera y cultura clásica;*

- *En el cuarto año, todos los alumnos deben cursar una serie de disciplinas obligatorias y tres más de una lista, además de por lo menos una disciplina optativa;*
- *Con la finalidad de promover el hábito de la lectura, se dedica algún tiempo a esa práctica en la enseñanza de todas las disciplinas;*
- *Las administraciones educacionales deben organizar programas de calificación profesional inicial, dirigidos a los alumnos mayores de 16 años que aún no hayan obtenido el certificado de conclusión de la enseñanza secundaria obligatoria;*
- *Para el caso mencionado en el rubro anterior, los programas de calificación profesional inicial tienen como objetivo llevar a los alumnos a alcanzar las competencias correspondientes al nivel más elemental de la actual estructura del Catálogo Nacional de Calificaciones Profesionales (el Catálogo Nacional de Cursos Técnicos que está siendo ahora introducido por el Ministerio de la Educación-MEC, en la educación profesional brasileña, es muy semejante a él);*
- *Los programas de calificación profesional inicial incluyen tres tipos de módulos:*

  a) *Módulos específicos que se refieren a las unidades de competencia correspondiente a las calificaciones del nivel más elemental del mencionado Catálogo;*

  b) *Módulos formativos de carácter general, que amplíen competencias básicas y favorezcan la transición hacia el mundo profesional;*

  c) *Módulos de carácter voluntario, para los alumnos que se encaminan hacia la graduación en la educación secundaria obligatoria, que pueden ser cursados simultáneamente con los módulos de los dos rubros anteriores;*
- *Los alumnos que pasan en los módulos obligatorios de esos programas reciben un certificado reconociendo las competencias profesionales adquiridas con relación al Sistema Nacional de Calificaciones y Formación Profesional;*
- *En el caso de la enseñanza secundaria post obligatoria, los alumnos tienen, como máximo, cuatro años para obtener aprobación en los dos años de que se compone esta etapa;*
- *Esa etapa abarca las siguientes modalidades: Artes; Ciencias y Tecnología; Humanidades y Ciencias Sociales.*

A pesar de los diversos cambios aquí presentados entre la Logse y la LOE, es perceptible que ninguna de ellas altera la estructura establecida en la implantación de la primera ley. La diferencia, en el caso *de la educación profesional, es que la Logse no trae las competencias profesionales dentro de la estructura del Catálogo Nacional de Calificaciones Profesionales.*

Evolución del sistema educacional

Analizando datos de la educación básica y superior en España en un período de 35 años, verificamos avances significativos, lo que justifica plenamente el interés de algunos sectores de la sociedad brasileña por la educación española. De país "atrasado" que era, en la década de 1970, si lo comparamos con los países de Europa, llama la atención hoy en día su grado de desarrollo.

Eso no quiere decir que inexistan problemas en la educación, sean ellos de financiación o de calidad, incluso de escolarización. Ciertamente los problemas actuales son mucho menores que los de antiguamente, aunque las soluciones requeridas no sean simples.

Comenzaremos mostrando una comparación de datos entre la educación en España en la década de 1970 y la de hoy en día.

El sistema educacional en los años finales de la década de 1970 se presentaba del siguiente modo: el número de alumnos que concluían la educación obligatoria, a los 14 años, en las escuelas públicas, era el 70,2%, y la tasa de abandono, el 14,3%. En los estudiantes que optaban por la enseñanza secundaria unificada (etapa existente en la antigua Ley General de Educación, de 1970), el abandono alcanzaba casi el 48%. Por su parte el abandono entre aquellos que iniciaban la educación profesional en primaria (en la mencionada Ley General de Educación, existía esa opción en el primario) era el 57,7%, y los que abandonaban la formación profesional de nivel medio era el 31,8%. Fue esa la situación presentada al gobierno del PSOE cuando éste llegó al poder (versión libre). (6)

En el período de la transición democrática, la educación sufrió un gran impulso, fruto de los acuerdos políticos firmados en aquella época. Mediante los Pactos de Moncloa, la inversión en educación pasó al 2,5% del PIB, en 1975, y al 3,7% del PIB, en 1979, lo que representó un aumento de casi el 50%.

Según Tiana (7), la educación infantil, en el ciclo de tres a seis años, tuvo un crecimiento muy significativo durante la década de 1980. En 1985, prácticamente todos los niños de cinco años frecuentaban la escuela; en 1991, cerca del 95% de los niños de cuatro años ya eran escolarizados. En 2003, la tasa de escolarización en niños de tres años estaba próxima del 95%. En la enseñanza secundaria, el progreso también fue significativo: en 2000, la parte de la población entre 15 y 19 años que estudiaba era del 79,5%; en 1960 era solamente del 13%.

A título de ejemplo, presentamos algunos datos más recientes (Cuadro 1), que muestran los resultados de la estrategia para el desarrollo educacional: la inversión en la escolarización de niños a partir de 3 años.

Cuadro 1 – Tasa de escolarización (%) de niños y jóvenes sin atraso escolar

Edad (años)	Educación infantil	Enseñanza primaria	Educación especial	Enseñanza secundaria obligatoria	Enseñanza secundaria post obligatoria	Enseñanza profesional nivel medio	Enseñanza profesional nivel superior
3	95,8	0,1	–	–	–	–	–
4	99,8	0,2	–	–	–	–	–
5	99,6	0,2	0,2	–	–	–	–
10	–	99,6	0,4	–	–	–	–
14	–	0,0	0,5	99,5	–	–	–
17	–	–	0,5	10,7	50,9	12,9	0,1

Fuente: Datos Estadísticos e Indicadores del MEC (España), 2006, año 2003-2004.

Los datos presentados en el cuadro impresionan, pues muestran la casi total universalización escolar de los niños de tres años y la universalización de los de cuatro y cinco años. Es evidente que ese resultado tiene una influencia muy grande en el desempeño de los alumnos en años subsiguientes, en la enseñanza primaria y secundaria.

Resultados en evaluaciones internacionales

El Programa Internacional de Evaluación de Estudiantes (Pisa), de 2003 (8), concluye lo siguiente sobre los resultados presentados por los alumnos españoles:

 a) *corresponden al nivel de desarrollo económico y cultural y al nivel de inversión, en los últimos años, en España.*

 b) *están un poco por debajo del promedio de la Organización para la Cooperación y el Desarrollo Económico (OCDE) (485 contra 500), siendo parecidos con los de Eslovaquia, Noruega, Luxemburgo, Polonia, Hungría, Letonia, Estados Unidos y superiores a los de Italia, Grecia y Portugal.*

c) el sistema educacional español muestra un buen grado de equidad, pues produce entre los alumnos diferencias de rendimiento menos marcadoras que otros sistemas educacionales de países desarrollados.

d) España se encuentra bien localizada en lo que se refiere a la equidad conseguida en su sistema educacional y debería esforzarse por mejorar el rendimiento para obtener mayor excelencia.

Gimeno Sacristán (9) hace la siguiente evaluación de las críticas surgidas en la prensa española, en razón de los resultados obtenidos por los estudiantes españoles en la prueba Pisa:

"Las dificultades detectadas no ponen de manifiesto nada de nuevo. No vale añorar un pasado idílico que no existió [el autor se refiere a los recuerdos de las escuelas buenas que existían antiguamente, pero que, en realidad, solo eran buenas porque atendían a poquísimas personas, siempre oriundas de la elite], perdiendo la memoria de la realidad cierta que fue. El fracaso escolar no es algo descubierto ahora, ni es exclusivo de nuestro sistema. A pesar de que existe, el nivel educativo de la población sube. Más gente educada, menos analfabetismo, más alto grado de escolaridad y enseñanza secundaria para más población en un país no pueden haberse deteriorado la calidad de la educación en el conjunto de la sociedad. Lo que si ha podido deteriorarse es la imagen que algunos tenían del sistema y que haya aumentado la frustración de quien esperase que la expansión de la escolarización se correspondería natural y automáticamente con una respuesta del sistema como cuando este era más selectivo."

Podemos concluir que hubo una mejora significativa en el sistema educacional español; a pesar de que la calidad sea considerada mediana. Cuando comparada con la de los países más desarrollados, su nivel de igualdad se equipara al de los países que obtuvieron los mejores resultados.

Un informe de la OCDE (10), posterior al Informe Pisa 2003, referente a la inversión de los países en educación, dice lo siguiente sobre la educación española:

- *Hay una inversión, por alumno, menor que el promedio de los países de la OCDE, por etapa y nivel de educación;*
- *Hubo una disminución del porcentaje de inversión con relación al PIB, entre los años 1995 y 2003;*
- *La inversión en profesores es mayor que el promedio de los países de la OCDE.*

Por otro lado, con relación a la calidad, el informe afirma:

- *Las nuevas generaciones de jóvenes están recibiendo más educación que las generaciones mayores;*
- *Los niveles obtenidos en la educación secundaria aún son más bajos que los del promedio de los países de la OCDE, aunque esas diferencias estén disminuyendo;*
- *Los niveles de la educación superior son mayores que aquellos del promedio de los países de la OCDE.*

El informe de la OCDE confirma que la educación española ha avanzado mucho en los últimos 30 años, aunque presente índices inferiores a los del promedio de los países de aquella entidad.

Capítulo 2
Algunos aspectos de la legislación española

En la legislación presentada en el capítulo anterior, dos aspectos merecen destaque, fruto del estudio desarrollado en el trabajo de investigación mencionado en (1): la formación permanente de los profesores, por medio de la implementación de los Centros de Profesores, y la institucionalización de la participación de padres, alumnos, profesores y empleados no docentes en la administración escolar.

El hecho de que destaquemos solamente esos dos aspectos no quiere decir que varios otros no puedan ser incluidos, como el caso de la obligatoriedad de la escuela hasta los 16 años, de la evaluación de los alumnos y del tratamiento a la diversidad. Desde nuestro punto de vista, sin embargo, esos dos son prioritarios.

Formación permanente de los profesores

Sería mucho más lógico que, antes de presentar la formación permanente de los profesores, presentáramos su formación inicial. Ocurre que esa era y continúa siendo — aunque luego de la nueva legislación — uno de los puntos débiles de la educación española, en especial en el caso de la enseñanza secundaria. Muchos cambios fueron llevados a cabo, pero ninguno afectó de manera significativa los fundamentos de la formación inicial.

Antes, las licenciaturas se basaban en el conocimiento específico (Matemática, Física, Química, por ejemplo), siendo posteriormente complementadas con un cursillo que no contemplaba ni siquiera la formación práctica de los futuros profesores. Con la adecuación de la educación superior al Espacio Europeo Universitario, las nuevas licenciaturas para la formación de profesores pasan a tener duración de cuatro años y, para asumir un aula, es necesario frecuentar, además, un curso de postgrado, con duración de un año, que incluye la práctica docente.

Es posible que los legisladores, conociendo la fragilidad de esa formación inicial, hayan dado especial atención a la formación permanente. La formación permanente o continuada se trata en la ley como un derecho y una obligación de todos los profesores y una responsabilidad de las administraciones educacionales y de las escuelas. Eso quiere decir que los profesores deben realizar periódicamente actividades de actualización científica, didáctica y profesional en centros docentes, en instituciones formativas específicas, en universidades y, en el caso de la formación profesional, también en empresas.

Para ello, las administraciones educacionales deben planificar las actividades necesarias a la formación permanente de los profesores y garantizar una gama diversificada y gratuita de opciones. Deben ser establecidas medidas para facilitar la participación de los profesores en esas actividades. Las administraciones programarán proyectos específicos, mediante acuerdos con las universidades, para facilitar el acceso a cursos de postgrado, que permitan la movilidad entre los diferentes niveles educacionales, incluyendo el universitario.

La ley prevé, además, que las administraciones educacionales fomenten los programas de formación permanente de los profesores mediante la creación de centros o institutos, contando con la colaboración de las universidades, de la administración local y de otras instituciones.

La importancia que la Logse le da a la formación continuada de los docentes es fruto de la experiencia llevada a cabo durante el primer gobierno socialista, de 1982 a 1986, cuando se consideraron las reivindicaciones de grupos de profesores que habían realizado una renovación pedagógica durante los últimos años de la dictadura. Tales prácticas fueron reconocidas y también incentivadas, trayendo enorme motivación a los profesores. Fueron entonces creados los Centros de Profesores, que son una adaptación de las instituciones de mismo nombre que proliferaron en el Reino Unido durante la década de 1970 y se extendieron por diversos países.

Esa forma de legislar también es una gran novedad, pues la ley está consolidando una experiencia positiva, contrariamente a lo que hacen muchas leyes, que son elaboradas sin que se sepa si podrán ser implementadas o entonces permanecen como letra muerta.

Centros de Profesores (CEPs)

El Real Decreto 2.112/1984 (11) hace referencia a la experiencia mencionada:

> La experiencia de los últimos años y la propia evolución de nuestro sistema educacional y de las orientaciones que lo presiden aconsejan conciliar y superar las dos vías por las cuales se desarrollaba el perfeccionamiento de profesores, basada, una, en la iniciativa autónoma de diversos grupos de docentes preocupados con la calidad de la educación, y constituida, la otra, por programas institucionales no siempre sensibles a aquellas inquietudes: dos vías paralelas, sin embargo, sin conexión y disociadas en lo que se refiere a objetivos y métodos. *(Versión libre.)*

Los Centros de Profesores son instrumentos volcados hacia el perfeccionamiento de los profesores y al fomento de la profesión, así como al desarrollo de actividades de renovación pedagógica y divulgación de experiencias educacionales, dirigidas a la mejora de la calidad de la enseñanza.

Los Centros de Profesores, según indicado en el mencionado decreto, tienen también las siguientes funciones:

- *Ejecutar los planes de perfeccionamiento de los profesores aprobados por la administración educacional;*
- *Realizar actividades de participación, discusión y difusión de las reformas educacionales propuestas por la administración;*
- *Desarrollar iniciativas de perfeccionamiento y actualización propuestas por los profesores ligados al Centro;*
- *Promover la equilibrada adecuación de los contenidos de los planes y programas de estudio a las particularidades del medio;*
- *Promover el desarrollo de estudios aplicados, dirigidos al conocimiento de la realidad educacional y de los recursos pedagógicos y didácticos disponibles.*

El Centro tiene un director, nominado por el Ministerio de Educación y Ciencia (MEC), por indicación de un consejo, del cual forman parte: el representante de los profesores del Centro y los representantes de la administración educacional y de las administraciones autonómicas o locales. El director será el presidente y tendrá un mandato de tres años. Entre las funciones del consejo están:

- *Elaborar los planes anuales de las actividades del Centro, estimular y supervisar su realización y evaluar sus resultados;*
- *Elaborar y aprobar el presupuesto del Centro, así como controlar su ejecución;*
- *Proponer la nominación del director del Centro;*
- *Elaborar el regimiento del Centro;*
- *Establecer relaciones de colaboración con otros Centros de Profesores y con centros docentes para el cumplimiento de sus objetivos.*

El MEC podrá establecer convenios con comunidades autónomas y entidades locales y también con otras entidades públicas y privadas para efectos de creación y funcionamiento de los Centros de Profesores.

La creación de los Centros de Profesores será efectuada de acuerdo a las disponibilidades establecidas en el presupuesto anual para esa finalidad.

La experiencia de los Centros de Profesores

Aunque el decreto de creación de los Centros no haya sido acompañado de una propuesta financiera, el Estado garantiza un Centro para la administración regional y un buen apoyo, que incluye bibliotecas, recursos audiovisuales y profesores para la creación de la estructura y del funcionamiento. O sea, se apostó bastante en esos Centros como forma de ofrecer una buena formación permanente. En los primeros años de gobierno, entre 1984 y 1987, una centena de Centros llegó a ser construida. Sin embargo, con la crisis financiera enfrentada por el gobierno socialista, de 1990 a 1994, y con la entrada en el poder del Partido Popular y, principalmente, con la descentralización de la educación para las administraciones autónomas, en 2000, las actividades de esos Centros pasaron a tener finalidades diferenciadas, lo que hace difícil una visión global de éstos en este momento.

Con relación a los CEPs, el profesor Eustáquio Martín, en entrevista, se expresa como a continuación (12):

> "(…) Los socialistas se dieron cuenta de que sería muy difícil implementar una reforma de la formación inicial de los profesores; por ese motivo, comenzó a ser trabajada una formación permanente de los profesores (…).
>
> (…) Con el paso del tiempo, en 1989 hubo deterioro de los Centros,

principalmente por la falta de recursos, porque el Ministerio no se dio cuenta de que era necesario mucho dinero para invertir en la formación y que, aún así, no había gente preparada en el país para asumir la dirección de los Centros. (...) A partir de allí, el MEC pretendió tener mayor control sobre los Centros y estableció un marco referencial, cuando primero articuló una planificación de la formación, en que el Ministerio definió líneas básicas, siendo una parte obligatoria y cabiéndoles a los propios Centros elaborar la otra parte, dentro de la autonomía institucional.

(...) La propuesta de la reforma era vincular los Centros a las universidades, pero (...) los Centros argumentaban que del modo anterior era mucho mejor, ya que éstos conocían de modo concreto las necesidades de cada uno para la formación de los profesores, mientras que las universidades, que desconocen los problemas, están más alejadas de la realidad y, por lo tanto, no alcanzan los desafíos que se presentan en el día a día de los Centros.

(...) A partir de los años 1990, la formación continuada comenzó a ser implantada en las propias escuelas e inmediatamente después comenzó a quedar descaracterizada, pues comenzaron a ofrecerse cursos según el menú presentado por ellas. Al inicio, las escuelas se reunían para hacer una revisión crítica de lo que se hacía, cómo estaban siendo evaluadas, cuáles eran los avances, las deficiencias y, a partir de allí, se hacía el modelo de formación que era necesario. Con el paso del tiempo, la realidad ha cambiado, y las solicitudes se volvieron individualizadas, lo que contrastaba con lo que se pretendía.

(...) Aunque los efectos de ese tipo de política sean muy lentos, la imagen de los Centros de Profesores quedó marcada en la mente de las personas. Hay gente que trabaja de modo diferente, que aprendió la necesidad de cuestionar o que se dio cuenta también que podría ser más creativa, en fin, todo eso está comenzando a surgir ahora.

(...) Lo que faltó, por parte de la administración, fue una evaluación tanto del proceso como de la situación en que iban quedando los Centros.

(...) De hecho, los efectos no son inmediatos y es necesario esperar ocho, diez o doce años para que aparezcan, pero en una actividad política es muy difícil de haber paciencia y, aún más, tiempo suficiente para ver los resultados, donde se realizó el trabajo, donde se invirtió o se realizó la obra. Probablemente, ellos serán cosechados por otros que no los que pusieron las políticas en juego. Luego les cabrá a ellos la decisión sobre la continuidad o no de las políticas. En el caso del Partido Popular, éste no tuvo el coraje de cerrar los Centros, lo que es una señal de que éstos tienen fuerza. Sin embargo, ocurrieron cambios, como aquí en Madrid, donde todos los directores y sus equipos fueron cambiados. Ya no existe elección de director. Hoy en día, en Madrid, es el Consejo del Centro que escoge al director, en función del mérito, y con eso se tiene una política de mayor intervención y control. En realidad fue olvidada la cultura que existía en los Centros, de planificación, de evaluación, de prestación de cuentas. Todo fue cambiando, hasta el nombre, hoy en día es el Centro de Apoyo. Los profesores también reclaman porque antes era el Centro de Profesores, el Centro de ellos."

Según Zabaleta (13), haría falta vencer algunas dificultades para que los Centros pudieran sobrevivir. Una de ellas, la preocupación de las administraciones en juntar las actividades de formación con la evolución de la carrera profesional. Otra sería el "cambio que la reforma propone para que los profesores pasen de una enseñanza reservada a las elites a una enseñanza destinada al 100% de los adolescentes hasta una determinada edad, como es el caso español, en que la ley les obliga a estudiar hasta los 16 años".

Esos desafíos justifican la defensa de la propuesta de que los Centros de Profesores sean organizados por profesores de la educación básica y bajo su coordinación, por el hecho de que éstos poseen más conocimiento de los desafíos y de las dificultades a ser enfrentados en las escuelas que los intelectuales y académicos de las universidades.

La discusión entre la formación permanente, basada en las aspiraciones individuales de los profesores, y la formación permanente centralizada en la escuela la aborda Gutiérrez (14):

"La formación permanente, entendida como derecho y deber del profesorado, tiene que ser necesariamente un medio para la mejora de la labor docente y, por lo tanto, de la calidad de la educación. Las necesidades educativas del alumnado deben determinar qué conocimientos y qué destrezas requiere el profesorado para dar respuesta a las mismas. Son estas necesidades las que tienen que condicionar y dar sentido a su formación permanente. El modelo formativo basado en actividades, generalmente cursos, donde el profesor recibe una serie de conocimientos más o menos cercanos a su realidad como docente, ha demostrado sobradamente su ineficacia. Hay que tender hacia un modelo basado en el concepto de que la unidad de formación debe ser el Centro. No se trata de un cambio en la ubicación física de la formación, sino un cambio en la metodología, en los objetivos y en los protagonistas de la misma. El Centro no es solo un lugar donde el profesorado enseña, sino también donde aprende, ya que el proceso de enseñanza debe entenderse como un proceso de investigación del profesorado, que es en sí mismo formativo y que los agentes externos deben favorecer.

(...) La formación centrada en la escuela, como ocurrió con anterioridad en otros países donde fue puesta en marcha, ha demostrado su eficacia y su enorme potencial para generar cambios que conduzcan a la mejora de la calidad de la vida educativa; pero su generalización requiere de los recursos materiales y humanos necesarios."

Está claro que nada de eso funcionará si el profesor no tuviera ganas de participar de la formación o no hubiera un plan de formación elaborado por la dirección de la escuela con la participación de los profesores.

La experiencia muestra que la gran mayoría de los profesores busca la formación permanente caso ésta esté relacionada a una mejora de su desempeño en el aula. Tampoco es despreciable la cantidad de profesores que participan de cursos rápidos, a veces los fines de semana, si con eso pudieran incrementar sus rendimientos. La responsabilidad por esa opción debe ser acreditada a los administradores educacionales, que incentivan ese tipo de cursillo, muchas veces más por ignorancia y para la disminución de los gastos que por los profesores. En muchos casos, los gastos con la formación salen de su propio bolsillo.

Lo más relevante en el proceso de formación permanente de profesores es reconocer sus resultados en términos de los cambios en el aula. Es saber si hubo alguna alteración en la práctica cotidiana del profesor y se ésta tuvo consecuencias en el aprendizaje de los alumnos. Si la respuesta fuera positiva, podremos decir que la formación permanente tuvo éxito. No será simplemente evaluando lo que el profesor aprendió o aprovechó del curso que podremos evaluar la formación permanente.

De acuerdo al trabajo de evaluación del MEC, elaborado por el Instituto Nacional de Calidad de la Educación (Ince) (15), de 1988, específicamente al respecto de la formación permanente, se concluye lo siguiente: "Los cursos de corta duración fueron los más frecuentados por los profesores, presentando una evaluación positiva por parte de dos tercios de los consultados; los cursos largos, en presencia, dirigidos por conferencista y con trabajo práctico también fueron evaluados positivamente por casi dos tercios de los profesores consultados; la participación en congresos o charlas es muy apreciada; sin embargo, el medio de formación más valorado fue la autoformación en las escuelas, reflexionando con los colegas, aprovechando el espacio y el tiempo de trabajo, así como los proyectos de innovación y de investigación, ambos evaluados positivamente por tres cuartos de los profesores consultados".

Hoy en día, la mayoría de los países europeos trabaja con programas de formación permanente de profesores y, en algunos países, ésta es condición para la mejora en la calidad de la educación.

Democratización de la escuela

En países en los que regimenes autoritarios tuvieron vida larga, es frecuente que, al término de éstos y aún en una fase de transición, haya una enorme ansia de la sociedad por la democratización de las instituciones, sean éstas políticas, sociales o profesionales. Eso tuvo lugar en España, en Portugal y en Brasil. Esa ansia, plenamente justificable, no está en contradicción con el ansia por la mejora de la calidad del sistema educativo. Por ese motivo, las sociedades heridas y masacradas por el autoritarismo priorizan, en la vuelta a la democracia, la democratización de las instituciones, ya que esa es la única manera de abrir las puertas para una discusión sobre su calidad y otros asuntos de interés de la sociedad.

En el caso español no se puede olvidar la gran contribución que los Pactos de Moncloa representaron en la transición y en la creación de las bases para la Constitución de 1978. Fue en ese acto que quedó asegurada la participación de profesores, padres y alumnos en el control y en la gestión de los centros mantenidos con recursos públicos, caso de las escuelas públicas y de las privadas, desde que incluidas en el convenio. En esa ocasión se involucraron en esa acción todos los grupos políticos con representación parlamentar, además de gobierno, sindicatos patronales y sindicatos de trabajadores. De ese modo se definió por primera vez un modelo alternativo de administración de los establecimientos educacionales.

La sociedad absorbió ese acuerdo, pues toda la legislación posterior al respecto de la participación en las escuelas está siendo mantenida, aunque existan avances y retrocesos, dependiendo de los partidos instalados en el gobierno, especialmente cuando se aborda la cuestión de la elección del director de la escuela.

Es importante destacar que, a pesar del tema de la descentralización política de España, con todas sus consecuencias, sea uno de los mayores y más delicados problemas enfrentados por todos los gobiernos, curiosamente la gestión, o el "gobierno de las escuelas", como se dice en España, es llevada al nivel decisorio del gobierno central, y eso independientemente del partido que esté en el poder. Ese acuerdo, originario de los Pactos de Moncloa, transmite la firmeza de la sociedad española en la democratización de las instituciones. Es un principio que transita horizontal y verticalmente, y no se cuestiona si debe o no haber participación en la administración de las escuelas.

La larga ausencia de vida democrática en España parece que reforzó en los españoles la idea de que era necesario garantizar una democracia estable y duradera. Para asegurar esa condición, nada mejor que educar en la democracia, o sea, aprender y practicar la democracia para que la misma se arraigue y se transforme en un valor por el cual las personas crean que vale la pena luchar.

Puelles (16) presenta su visión acerca del problema:

"¿Es posible una democracia sólida y estable sin el apoyo de una población instruida? Esta cuestión, que ya se plantearon con toda profundidad nuestros liberales de Cádiz [los diputados de las Cortes, o Parlamento, instaladas inicialmente en la ciudad de Cádiz], tiene que ser contestada hoy negativamente a la luz de nuestra propia historia. Más aún, hoy día, la democracia, el régimen político que alumbró un nuevo reinado, el de la libertad y el de la igualdad, necesita más que nunca de la educación. Porque las exigencias actuales demandan imperativamente no apenas una democracia formal, sino también una democracia real. En este sentido, se ha dicho que la democracia es hoy una forma de vida, un modo de vivir que no se agota en la pura emisión del voto – abandonando todo interés posterior por los asuntos públicos –, sino que supone, además, la participación del ciudadano en todo aquello que mas directamente le concierna y le interese. Se trata, pues, de una concepción activa del ciudadano como sujeto autónomo quo, obviamente, emite su voto, pero que también participa en los asuntos públicos.

De esta perspectiva, la democratización de la educación era, quizá, uno de los problemas más urgentes y prioritarios de la transición. Ello suponía, en primer lugar, la democratización de los contenidos de la enseñanza. El ejercicio de la democracia exige por parte del ciudadano la adquisición de unos saberes determinados acerca de la cosa pública. La educación debe proporcionar al futuro ciudadano los elementos suficientes y la preparación necesaria para que pueda enjuiciar los acontecimientos políticos, económicos, sindicales, etc., y, en consecuencia, pueda decidir plenamente sobre los asuntos diversos de la comunidad en la que vive.

En segundo lugar, si la democracia es una forma de vida, basada fundamentalmente en la tolerancia como virtud cívica y en el espíritu de convivencia, de diálogo y de respeto a la opinión ajena, se hace precisa una pedagogía de la democracia. Tales virtudes cívicas pueden y deben enseñarse desde la cuna, en la familia y en la escuela. De este modo, la escuela se convierte, paralelamente a la familia, en el instrumento adecuado que no solo debe transmitir saberes, sino también actitudes democráticas, vividas en la misma escuela. Los niños aprenderán así a convivir, a tolerarse unos a otros, a respetar la opinión de los demás, a buscar soluciones en el diálogo y no en la fuerza. Solo así la cultura se convierte en un motor de transformación social y de progreso.

En tercer lugar, la escuela no puede seguir siendo un islote separado de la comunidad en la que vive o un comportamiento estanco ajeno a todos los que, de un modo o de otro, tienen interés en la educación. La escuela, si ha de cumplir la función que le asigna una sociedad democrática, debe ser una comunidad abierta a todos los interesados en el sistema educativo: alumnos, padres, profesores, fuerzas sociales, autoridades públicas. Solo transformándose en una comunidad democrática podrá la escuela educar para la vida.

Por último, la democratización de la educación lleva consigo la participación de todos los elementos que integran el sistema educativo. Participación, pues, en el gobierno y administración de los centros docentes, participación que en nuestros días significa dirección colegiada: determinación de los objetivos educativos, régimen interior de los centros, distribución de los recursos económicos, selección del profesorado, etc. Participación también en la planificación educativa, que debe dejar de ser un asunto exclusivo de los expertos para ser un asunto común de todos (los expertos serían ahora los asesores o animadores de todo el proceso, siendo la decisión última de los poderes públicos). Participación, por último, en los propios órganos de la Administración educativa a fin de que, efectivamente, la educación, como proceso sea una tarea común a todos los que, de un modo o de otro, deben intervenir en los diferentes niveles de aplicación."

Consideraciones al respecto de la participación en la gestión escolar

Al analizar las modificaciones habidas en la legislación que reglamenta la organización y el funcionamiento de las escuelas, podemos afirmar que la legislación que daba más autonomía a la escuela era la inicial, la de la Lode. Pero ésta fue modificada para intentar garantizar una mejor participación de los diversos segmentos. Eso parece no haber surtido efecto, según constatación hecha por el Consejero Técnico del Consejo Escolar del Estado, Frias Del Vall (17):

"(...) La participación del profesorado en la vida del Centro y en particular en su Consejo Escolar parece presentar niveles razonablemente elevados, principalmente en lo que respecta a la participación en la designación de representantes en el Consejo Escolar, lo cual es, sin duda, un factor para encontrarse moderadamente satisfecho. Por lo que respecta a los padres y madres de alumnos, su participación en los centros no se ve precisamente potenciada con el escaso movimiento asociacionista existente en nuestra sociedad. La cultura del individualismo posee una fuerte implantación y juega en contra de la presencia del sector de padres y madres en los Consejos Escolares. Asimismo, la escasa disponibilidad de tiempo para ser destinado a las tareas derivadas de la pertenencia de los padres y madres a los Consejos Escolares de los centros supone una dificultad añadida a esta participación activa. Todo ello ocasiona que el sector de padres y madres presente una participación muy escasa en las elecciones a representantes en los Consejos Escolares, extremo que deberá ser corregido en el futuro, dada su gravedad."

El segmento de los alumnos tiene mayor participación en las elecciones para los Consejos Escolares que el segmento de padres, pero asimismo nos damos cuenta que hay sectores de alumnos que están fuera de esa dinámica.

Todas las dificultades encontradas para la participación de los diversos segmentos no pueden reducir la importancia dada a ese comprometimiento como forma de: "(...) impedir que la educación se transforme en patrimonio de un grupo social o político cualquiera, pues la formación de la personalidad de los alumnos requiere el contacto con los diferentes enfoques insertos en la sociedad, para que los procesos de conocimiento, evaluación y posicionamiento del alumno sean un componente fundamental en la construcción de su personalidad", según Del Vall (17).

De acuerdo con el mismo autor (17): "La participación de profesores, padres y alumnos en el órgano colegiado máximo es un factor que mejora la calidad de la educación ofrecida en las escuelas, una vez que facilita la coordinación de acciones entre la familia y la escuela y sirve de instrumento didáctico para el alumno, al favorecer la sensación de formar parte de una acción educativa común alrededor de la escuela".

Finalizamos estas consideraciones con la opinión de la profesora Teresa Bardisa, especialista en organización escolar y participación de la comunidad en la gestión escolar, durante entrevista referente a la organización de las escuelas (18):

"El modelo de organización de la elección democrática de los directores contenido en la Lode era bueno, pero trajo también algunos problemas. Hubo poco trabajo en la formación de los equipos dirigentes y en la dirección de la formación continuada. Era dado un curso e inmediatamente comenzaban a ejecutar. Hoy en día, muchos profesores no quieren ser directores. Es una situación de conflicto en la medida en que cualquier actitud que muestre la presencia de autoridad, que es más que necesaria en un centro escolar, reprime a los directores porque la palabra autoridad está muy desgastada luego de un período de casi 40 años de dictadura. Los profesores solían delegar todas las funciones al director. No es difícil oír de los profesores, dirigiéndose al director: '¡Pero es para eso que le pagan a usted!'.

El trabajo de colaboración que toda reforma exige no lo consiguen los profesores ni los equipos dirigentes.

La participación de la comunidad deja que desear. Pero, yo pregunto, ¿cómo se da la participación social en la sociedad civil? Entonces, ¿cómo queremos que salga de los centros escolares un núcleo de vida política, que no existe en la sociedad civil como un todo? En los años previos a la transición, durante ésta y hasta poco tiempo después de ella, se luchaba por la democratización de la enseñanza y de las instituciones. Entonces, todos los actores sociales querían estar en los Consejos Escolares y, sin lugar a dudas, gente muy activa y politizada participó de ellos. Y, realmente, hubo un calderón de actividades extracurriculares con gran participación, pero a los profesores no les gustaba la participación externa dentro de la escuela, les gustaba la escuela, pero fuera de los 'muros' de la escuela. Entonces no se planea espacio ni tiempo para que los alumnos aprendan a debatir, a negociar, a establecer consensos. La única cosa que hacen es, el día de votación, depositar un voto en la urna, como una mera formalidad.

En el consejo, la queja de los alumnos y padres es que falta debate, pues la pauta de la reunión se distribuye en el momento, dejando a padres y alumnos sin material para discusión y sin la posición del sector. Esa queja tiene que ver con otra, de alumnos y profesores, que es el abuso de los profesores con relación al lenguaje utilizado en los debates. Esa práctica se utiliza para bloquear el debate democrático, pero eso, evidentemente, nunca se explicita. Resumiendo, los padres, de un modo general, priorizan dar algún dinero para actividades extracurriculares, en ese caso, a los profesores les gusta la participación. Los alumnos son excluidos del debate y, de ese modo, salvo raras excepciones, los consejos se quedan despolitizados. En el cotidiano de la vida, también es así, hablamos de política, pero participamos poco de ésta."

Comentarios sobre el capítulo

Considerando el estancamiento, con señales de que empeora, en los resultados de los alumnos españoles en el último Informe Pisa del 2007, y aunque haya necesidad de más investigaciones, podemos sugerir la idea de que la interrupción del trabajo de los Centros de Profesores tuvo una influencia negativa sobre los resultados cualitativos. Eso no impide que existan otras causas, pero considerando cuánto esos Centros contribuyeron con la formación permanente de los profesores y sabiendo cómo eso fue positivo para el aprendizaje de los alumnos, la hipótesis aquí levantada no debe estar muy lejos de la realidad.

La baja participación de la comunidad en la gestión de la escuela y la desmotivación de los profesores para ser candidatos a la gestión muestran que el Estado está perdiendo una parte importante de los imprescindibles actores de la gestión y que esa pérdida puede estar influyendo también en el estancamiento relevado en los resultados del Informe Pisa de 2007.

Capítulo 3
¿Puede Brasil aprender con la experiencia de España?

Existe una opinión generalizada entre los estudiosos de la educación de diversas partes del mundo de que la formación inicial y el perfeccionamiento de los profesores son importantísimos para la calidad de la educación. Es esa la razón que nos motivó a comparar los aspectos de la educación española que analizamos en el capítulo anterior con las políticas específicas de Brasil para la educación continuada y la gestión democrática de la escuela. En el caso de la gestión democrática, ésta fue incluida porque diversos estudios e investigaciones en Brasil mostraron que la participación de los padres en la vida escolar de sus hijos repercute positivamente en el aprendizaje de ellos. Del mismo modo que España y Portugal, Brasil necesita reafirmar, como formación para la ciudadanía, que está educando para la democracia y, como tal, hace falta colocarla en práctica. A continuación se presentan las políticas específicas para la formación continuada de profesores y la gestión democrática de la escuela.

Formación de los profesores

En Brasil, el motivo de mayor preocupación aún es la formación inicial. Es necesario formar a los profesores que están en el aula pero que no poseen la titulación necesaria para ser profesores, principal-

mente en la educación infantil y en los grados iniciales de la educación primaria. Para esos casos, el MEC posee varios programas en marcha, en colaboración con los estados.

En el caso de la enseñanza secundaria, aún existen profesores que están enseñando en el aula sin poseer licenciatura. Para esos, el MEC también posee programas específicos, en colaboración con estados y universidades.

La cuestión más difícil es cubrir la carencia de profesores en las áreas específicas de Física, Química, Matemática y Biología, tanto en los fines de la enseñanza primaria como en la enseñanza secundaria, según trabajo divulgado por el Consejo Nacional de Educación (CNE) (19). Uno de los proyectos puestos en práctica por el gobierno para intentar solucionar esa grave crisis que afecta a todos los estados es la creación de la Universidad Abierta de Brasil (UAB), que comenzó a funcionar en 2007, ofreciendo cursos a distancia. Es un intento de solución que dependerá de tiempo (por lo menos cuatro años para la graduación de una clase), del comportamiento de los alumnos en esa modalidad de enseñanza (por ejemplo, la tasa de abandono) y del funcionamiento de esa nueva institución, una vez que los recursos financieros no están totalmente garantizados. Un programa de becas para alumnos de licenciatura en las áreas más críticas también fue establecido, dentro del Plan de Desarrollo para la Educación (PDE). La ley que establece la base nacional salarial podrá atraer a más alumnos a las licenciaturas.

Lo que está faltando es un plan de emergencia para evitar que los niños vuelvan a sus casas sin clases de esas disciplinas, debido a la falta de profesores. No hay modo de hablar de calidad de la enseñanza si no hay profesores para dar clases. Es incomprensible que ningún gobierno federal, desde la democratización, tenga ningún proyecto por lo menos para atenuar esa situación.

El gobierno estatal y el federal tienen condiciones y competencia para elaborar un plan, de emergencia y transitorio, de exenciones fiscales y otros beneficios para activos y jubilados, pudiendo de ese modo garantizar la presencia de profesores en el aula. Solo así podremos pensar en otras medidas que mejoren la calidad de nuestra enseñanza.

Directivas curriculares para la formación de profesores

En lo que se refiere a la normatización de la formación inicial de profesores de educación infantil y de los primeros años de la enseñanza primaria, el CNE ya ha elaborado las Directivas. Los cursos de licenciatura destinados a la formación de profesores para los últimos años de la enseñanza primaria, de la enseñanza secundaria y de la educación profesional de nivel medio están organizados en habilitaciones específicas por campo del conocimiento, según indicado en las Directivas Curriculares pertinentes.

Formación permanente

Las nuevas Directivas Curriculares para la enseñanza secundaria (20) fueron aprobadas en 1998 e introdujeron cambios radicales, tanto en los principios como en los fundamentos y en los procedimientos. Por ejemplo, el artículo 6º de la resolución afirma: "Los principios pedagógicos de la Identidad, Diversidad y Autonomía, de la Interdisciplinaridad y de Contextualización serán adoptados como estructuradores de los currículos de la enseñanza secundaria".

Todo eso es una gran novedad para los profesores, pues a lo largo de la formación inicial es casi seguro que esos temas no hayan sido abordados y, si lo fueron, eso constituye una excepción. Por lo tanto, nada más apropiado, en el caso de una administración federal, que recursos importantes se destinen a la formación permanente de los profesores para garantizar el conocimiento necesario a la implementación de esos cambios. Ya que eso hasta hoy no ha ocurrido, significa que las reformas fueron introducidas apenas formalmente y, como consecuencia, nada ha cambiado en el aula.

No hay políticas públicas para la formación permanente. Lo que existe son programas en nivel federal, estatal y municipal, que tienen como objetivo mejorar y actualizar el conocimiento de los profesores. En algunos estados, el gobierno ofrece cursos volcados específicamente hacia ellos. De un modo general, los estados y municipios realizan convenios con instituciones de nivel superior, públicas y privadas, y con Organizaciones no Gubernamentales (ONGs) para la realización de cursos de calificación y perfeccionamiento. A veces, las escuelas buscan cursos ofrecidos por las instituciones mencionadas o los profesores, mismo en carácter personal, participan de cursos, rutineros o no, de esas instituciones.

Sería mucho más provechoso para la calidad de la educación, principalmente de la enseñanza secundaria y también de toda la educación básica, poseer recursos volcados exclusivamente hacia la for-

mación permanente de profesores, dentro de una política pública establecida por el gobierno federal, en colaboración con los estados.

Recientemente fue aprobada una nueva ley, dando nuevas atribuciones a la Coordinación de Perfeccionamiento de Personal de Nivel Superior (Capes). Esas atribuciones se refieren a la formación inicial y continuada de los profesores de la educación básica. De acuerdo al nuevo Estatuto de la Capes y en el ámbito de la educación básica, cabe a ella inducir y fomentar, en colaboración con los estados, municipios y el Distrito Federal, y exclusivamente mediante convenios con instituciones de enseñanza superior, la formación inicial y continuada de profesionales del magisterio de la educación básica. Es un buen comienzo, siendo deseable que eso evolucione hacia la rápida elaboración de Directivas Generales de Formación Permanente, con la finalidad de que las escuelas puedan elaborar sus proyectos político-pedagógicos con la inclusión de la política para la formación permanente de los profesores de la escuela. Si fuera respetada esa política de la escuela, y las instituciones de enseñanza superior organizaran los cursos y otras actividades para atender a esas políticas locales, la calidad de la educación básica podrá dar un gran salto.

La experiencia de Brasília

En 1995, la Secretaría de Educación del gobierno del Distrito Federal instituyó una comisión para elaborar el proyecto de la creación de una escuela cuyo objetivo fuera el perfeccionamiento de los profesores de la red pública, buscando una mejora en la enseñanza. Se intentaba, de ese modo, rescatar la antigua Escuela de Perfeccionamiento, creada en 1985 y extinguida dos años más tarde, por un nuevo gobierno. En 1997, fue aprobado por la Cámara del Distrito un proyecto de ley oriundo del Poder Ejecutivo que creaba la Escuela de Perfeccionamiento de los Profesionales de la Educación (Eape). En 1998, cuando el gobierno llegó a su fin, la escuela estaba toda estructurada, contando, entre otros, con departamento de investigación, pedagogía, biblioteca, recursos multimedia y con casi 80 profesionales integrando el cuadro de profesores y de aquellos que daban apoyo a la escuela.

La segunda charla sobre Política de Perfeccionamiento Profesional de la Educación, realizada por la Escuela de Perfeccionamiento de los Profesionales de la Educación (Eape), al inicio de 1998, definió la principal directiva de aquél año: enfocar a la escuela, llevando al día a día de las escuelas la práctica aprendida, buscando estar al lado de los educadores en su trabajo pedagógico, fortaleciendo ese sentido colectivo y, como consecuencia, la gestión democrática en las escuelas. Con esa visión fue entonces creada la Red de Perfeccionamiento de los Profesionales de la Educación.

La Eape tuvo un papel fundamental en el fortalecimiento de la gestión democrática en las escuelas. Los directores elegidos por medio de la Ley de Gestión Democrática, aprobada en 1995, tenían que frecuentar un curso de 180 horas para adquirir los conocimientos mínimos necesarios para dirigir una escuela. Esos cursos eran organizados y ofrecidos por la Eape.

El cuadro dirigente de la escuela estaba formado por 11 profesores, uno de los cuales era el director, nominado por el gobierno e indicado por el Consejo Escolar de la Eape. De ese Consejo participaban representantes de todos los directorios regionales y de la Secretaría de Educación.

En ese período, el Distrito Federal contaba con cerca de 20 mil profesores; 10 mil empleados no docentes; 550 mil alumnos y 560 escuelas, en la red pública.

Con esos mismos objetivos, salvaguardando las especificidades, fue creado el Centro de Profesores de la Municipalidad de Belo Horizonte, anterior a la Escuela de Brasília, que tuvo una gran influencia en la concepción de esta última.

Es necesario destacar que, aunque haya un intervalo grande entre la fundación de los Centros de Profesores, en España, en la década de 1980, y la implantación de la Eape, en Brasília, en 1996, existe una estructura similar de objetivos y medios entre las dos instituciones. Es posible que la creación de la Eape, en 1985, haya tenido inspiración ideológica en los Centros, pues en esa época surgió en Brasília un fuerte movimiento de renovación pedagógica que mucho influyó en el movimiento docente, aunque los gobiernos que se sucedieron hayan retroactuado en el tiempo. Solo en 1995 se rescataron las buenas ideas del pasado y, con ello, avanzaron bastante los cambios, en especial en el ámbito de la educación.

Dentro del régimen de colaboración que la Ley de Directivas y Bases de la Educación contempla, no tenemos dudas de que la implantación de una red de Centros de Formación Permanente de Profesionales de la Educación (en una asociación entre los estados y la Unión) permitiría dar un salto cualitativo que tendría efectos muy positivos en la calidad de la educación básica.

Las Directivas generales nacionales y las orientaciones para el trabajo de los Centros serían elaboradas por el gobierno federal, te-

niendo la colaboración de los estados, estableciéndose una coordinación, la cual, similarmente a la Coordinación de Perfeccionamiento de Personal de Nivel Superior (Capes) podría ser llamada Coordinación de Perfeccionamiento de Personal de la Educación Básica (Capeb).

Gestión democrática en las escuelas

El proyecto de participación de la comunidad escolar (profesores, alumnos, empleados y padres) en la gestión de las escuelas es una consecuencia de lo que establece la Constitución de 1988 con relación a la gestión democrática. La Ley de Directivas y Bases de la Educación también incluye la participación, sin explicitar, sin embargo, de qué modo ésta ocurriría. Los gobiernos federales optan por mantener la forma genérica y dejar que los estados decidan el modo como se dará. Algunos gobiernos de estados y municipios entienden que la nominación política del director de una escuela, aunque por criterios técnicos, les garantiza una parte de poder en el estado o en el municipio. Es por este motivo, entre otros, que las soluciones al respecto de la participación, y en particular la elección del director, son lo más variadas posible. Lo que consta en la Constitución brasileña no es lo que los legisladores y los gobiernos anhelaban como principio democrático. La democratización de las escuelas parece ser una reivindicación aislada de los sindicatos de los profesionales de la educación y de algún partido político, en el caso del Partido de los Trabajadores, cuando en verdad debería de ser una reivindicación de toda la sociedad. Es posible que la ausencia de una transición política, al final de la dictadura, haya dejado algunas lagunas democráticas en parte de la sociedad brasileña, como es el caso aquí señalado.

La práctica de nominar a los directores de las escuelas estaba muy arraigada en los gobernantes, porque era entendida como una demostración de poder y fuerza política. Aunque ahora, pasados 20 años de la promulgación de la Constitución, cuando se habla de democratización de las escuelas, la mayor parte de la población y principalmente los gobernantes entienden eso como sinónimo de elección del director. No se piensa en el Consejo Escolar, en los Consejos Municipales o Estatales de educación, en la participación de los alumnos, en un modo institucional de participación de los padres, no más como un modo de ayudar o apenas resolver las dificultades enfrentadas por las escuelas. Por consecuente, esa participación se da de modo esporádico y, a veces, no es nada institucionalizada.

De acuerdo a un levantamiento del Consejo de Secretarios Estatales de Educación (Consed) (21), las prácticas adoptadas por los estados pueden resumirse en cuatro categorías:

- ***elección directa por parte de la comunidad**, practicada desde la década de 1980, actualmente en curso en los estados de Acre, Alagoas, Goiás, Mato Grosso, Mato Grosso do Sul, Pará, Piauí, Rio Grande do Norte (muy reciente), Paraná, Rio Grande do Sul y Paraíba (solamente en las sedes de región). En general, esos estados han buscado perfeccionar el proceso, estableciendo un perfil a ser cumplido por el candidato (titulación, experiencia, presentación de plan, obligatoriedad de cumplir una capacitación, etc.) para concurrir al proceso electivo;*
- ***elección directa por parte de la comunidad**, luego del cumplimiento de una prueba de competencia técnica elaborada normalmente por una institución externa. En ese caso, se encuentran los estados de Minas Gerais, Ceará (desde hace cinco o seis años) y Pernambuco;*
- ***selección técnica**, adoptada en los estados de São Paulo (la única realizada por concurso público), Bahia (por medio de proceso de certificación), Distrito Federal, Rio de Janeiro (los dos últimos desistieron de la elección para la adopción de selección técnica con proposición de lista triple) y Tocantins (selección técnica);*
- ***indicación técnica o política**, involucrando ocho estados: Amapá, Amazonas, Rondônia, Roraima, Sergipe y Maranhão (que siempre adoptaron esa modalidad), Espírito Santo y Santa Catarina (que retrocedieron de la elección para la indicación). Existe también el caso de Paraíba, que adopta dos sistemas: el de elección ya referido y la indicación para escuelas localizadas fuera de los municipios sede de regiones educacionales.*

El caso de Brasília

Entre 1995 y 1996 se realizaron, en el Distrito Federal, diversas experiencias en el ámbito de la educación. Una de ellas, ya relatada, corresponde a la Escuela de Perfeccionamiento de los Profesionales de la Educación. Relataremos en este capítulo otra, referente a la elección de director en las escuelas del Distrito Federal y creación de Consejos Escolares y su organización.

La ley que dio base a esa experiencia, denominada Ley de la Gestión Escolar, fue elaborada mediante una negociación conjunta entre la Secretaría de Educación, los dos sindicatos – de profesores y de empleados –, estudiantes, representados por la Unión Municipal de los Estudiantes de la enseñanza secundaria, y parlamentares del área de la educación de la bancada del gobierno y representante del gabinete del gobernador. El anteproyecto de ley se consiguió en esa negociación por unanimidad, lo que facilitó mucho su tramitación, pues, cuando llegó a la Cámara, la aprobación tuvo lugar rápidamente y también por unanimidad.

La Ley nº 957, del 22 de noviembre de 1995, aprobada por la Cámara del Distrito del Distrito Federal, preveía la elección directa de los directores de las escuelas de educación infantil, educación primaria, educación secundaria, escuelas normales y centros de estudios suplementares. Todas, sin excepción, tendrían elecciones directas, con participación de todos los segmentos. La participación tendría lugar de modo paritario, considerándose 50% de padres y responsables de alumnos y 50% de profesores y empleados de las escuelas.

Para ser nominado, el candidato electo tendría que ser profesor hacía dos años, por lo menos, en la regional de enseñanza a la cual perteneciera la escuela, ser profesor de carrera y poseer diploma de graduación, o de enseñanza secundaria en el caso de las escuelas de educación infantil. Excepcionalmente, en esas escuelas se aceptaría el certificado de enseñanza primaria si el subdirector poseyera diploma universitario.

El candidato a director tendría que presentar para debate, durante el período electoral, su proyecto político-pedagógico, que sería implementado caso fuera elegido. El mandato de director sería de dos años, con posibilidad de una renovación.

La elección del director y del Consejo Escolar no se daría de un modo conjunto: primero tendría lugar la del director y, luego, la del Consejo.

La comunidad escolar participaría de los Consejos Escolares, también con representaciones paritarias: 50% de profesores y empleados y 50% de alumnos y padres y responsables escogidos en las respectivas asambleas sectoriales.

En las elecciones, el quórum mínimo para la participación sería del 50% para cada segmento, con excepción de padres y responsables y alumnos de estudios suplementares, para los cuales el quórum sería del 10%.

Entre las atribuciones del Consejo Escolar estarían: elaborar el regimiento; incluir en él las notas necesarias, modificar y aprobar el plan administrativo anual, elaborado por el director luego de enfocar la programación de recursos necesarios para el mantenimiento y la conservación de las instalaciones escolares; crear mecanismos de participación efectiva de los segmentos en el Consejo Escolar y divulgar periódicamente el uso de los recursos financieros, la calidad de los servicios prestados y los resultados obtenidos.

Entre los principios de la gestión democrática estaría la autonomía de las escuelas en la gestión pedagógica, administrativa y financiera de su proyecto educativo.

Las primeras elecciones para director, en 1995, tuvieron lugar en 525 escuelas de las 531 existentes. Participaron 269.960 electores. Por su parte, en 1997, la elección tuvo lugar en 551 escuelas, con la participación de 293.697 electores. Vale destacar que, en 1995, el número de electores para las elecciones generales del Distrito Federal fue de casi un millón y el número de votantes en las elecciones de director fue de aproximadamente 30%. Hubo gran movilización, que se mantuvo en 1997, como indican los números.

La elección de los directores y de los consejos no se daba de modo conjunto, acarreando perjuicio desde el punto de vista de la movilización para las elecciones de los Consejos. En la segunda elección, el quórum de los padres y responsables fue modificado, para evitar el riesgo de que no se pudiera realizar. La propuesta de la Secretaría era hacer las elecciones al mismo tiempo, pero ésta fue derrotada durante el proceso de negociación.

El Sistema de Educación del Distrito Federal se compone de 19 Direcciones Regionales, que administran las escuelas públicas localizadas dentro de cada dirección.

En cada una de esas regiones se creó el foro Regional de Consejos Escolares, congregando a todos los Consejos Escolares de la región. El conjunto de esos diversos foros formó la Federación de Consejos Escolares. En 1997 se llevó a cabo un encuentro de los Consejos Escolares, y en 1996 se realizó el primer Congreso de Educación del Distrito Federal, con 2.500 participantes, representando a los cuatro segmentos: profesores, empleados, padres de alumnos y alumnos.

La experiencia de democratización de las escuelas y su gestión fue extremamente rica, habiendo significativa participación de los profesionales ligados a las escuelas, sin embargo poca participación de padres de alumnos y alumnos. Las fallas y las críticas presentadas en España, al respecto del funcionamiento de los Consejos Escolares, son muy semejantes a aquellas hechas en el Distrito Federal. Se consideró que la construcción de una estructuración sólida para los Consejos no fue posible debido a la falta de personal preparado para administrar esa gran iniciativa.

En realidad ocurrieron dificultades por la falta de preparación del personal para administrar todos los cambios implementados en el sistema educativo del Distrito Federal, aunque existieran personas de gran competencia y dedicación. Los principales cambios puestos en práctica se refieren al currículo y a la evaluación de los alumnos, además de las ya presentadas Eape y gestión democrática del sistema.

Capítulo 4
Sugerencias para mejorar la educación básica en Brasil

En el capítulo anterior mostramos las diferencias existentes entre los sistemas educacionales en España y en Brasil, en lo que se refiere al perfeccionamiento de los profesores y a la gestión democrática de la escuela. Destacamos, también, que eso no significa que solo esos dos aspectos hayan sido responsables por la mejora en los resultados de los alumnos españoles.

En este capítulo presentaremos otros aspectos de la legislación española, la experiencia de Brasília con relación a la evaluación en proceso o progresión continuada, y daremos algunas sugerencias más que pueden ayudar a mejorar la educación y servir de ejemplo para Brasil.

Iniciamos con la evaluación de los estudiantes según la legislación española.

El proceso de evaluación: comparación entre la legislación española (LOE) y la experiencia de Brasília

Pocos cambios fueron introducidos por la Ley Orgánica de la Educación con relación a la Logse. Abordaremos la situación actual.

La enseñanza primaria comprende seis años lectivos, iniciándose a los 6 y terminando a los 11 años. Ésta corresponde a tres ciclos de dos años cada uno, que son organizados en áreas obligatorias y poseen carácter global e integrador.

La evaluación del aprendizaje en esa etapa es continuada, y el alumno solo pasa de un ciclo al otro cuando alcanza los objetivos correspondientes. Esa situación solo puede ocurrir una vez en los ciclos de enseñanza primaria, ocasión en que el alumno tiene atención, mediante un plan específico de recuperación y de refuerzo de las competencias básicas. Al término del segundo ciclo de la enseñanza primaria, las escuelas tienen que hacer una evaluación de las competencias básicas alcanzadas por los alumnos.

La enseñanza secundaria obligatoria es formada por dos ciclos de dos años y es ofrecida por área del conocimiento. La evaluación de la enseñanza secundaria obligatoria es continua. Los alumnos que cursaron el segundo año y no tienen condiciones de pasar para el tercero (segundo ciclo), y que ya repitieron una vez, pueden ser incorporados a un programa de diversificación curricular, luego de la evaluación adecuada. El alumno puede repetir el mismo año una única vez y dos veces, como máximo, en cada etapa. Si eso ocurre, el alumno irá para programas especiales, teniendo como base una calificación inicial profesional. Al final del segundo año, todas las escuelas deben realizar una evaluación de las competencias básicas de sus alumnos, de carácter formativo y orientador para las escuelas e informativo para las familias y toda la comunidad.

El hecho de ser una evaluación continuada – como, inclusive, en la gran mayoría de los países que tienen buen desempeño educacional –, sin embargo con las limitaciones presentadas, es una demostración más de que ese tipo de evaluación debe ser considerado y analizado, antes de ser descalificado, como a veces ocurre en Brasil.

Ya ha pasado mucho tiempo desde que grandes redes de enseñanza, como las existentes en Belo Horizonte, Porto Alegre, Brasília, Rio de Janeiro y muchas otras, de menor porte, implantaron la evaluación procesal o progresión continuada de los alumnos. Algunas de ellas aún continúan, otras comenzaron, y otras, aún, volvieron a la antigua secuencia de grados. Casi el 20% de los alumnos matriculados en la enseñanza primaria estudian en régimen de progresión continuada. La omisión del MEC, en Brasil, en no optar por otra forma de evaluación, alegando que la decisión cabe exclusivamente a cada sistema de enseñanza, trae un perjuicio enorme a los estudiantes y al país en general. Lo mínimo que se puede esperar es un estudio evaluativo de las experiencias ocurridas y que están ocurriendo, para subsidiar los diversos sistemas de enseñanza.

Recientemente, una investigación del Instituto de Investigaciones Aplicadas (Ipea) (22), órgano del gobierno federal, evaluó la política educacional de 49 países y concluyó que "las mejores notas y los resultados más efectivos obtenidos en la enseñanza básica fueron observados exactamente en los [países] que adoptaron el régimen de progresión continuada".

La omisión del MEC con relación a la evaluación continuada puede ser entendida como una política implícita que tiene por base el mantenimiento de la cultura de alumno repetidor. Un niño que persiste en repetir se queda completamente desmotivado y con baja autoestima, lo que estimula en él y en sus padres el deseo de buscar otros caminos, abandonando la escuela. Esa es una de las causas de la evasión.

Entre 1997 y 1998, la experiencia de la progresión continuada fue adoptada en casi un tercio de las escuelas del Distrito Federal, por opción de éstas. Sin embargo, a partir de 1999, un nuevo gobierno interrumpió esa experiencia, sin dar tiempo suficiente para que hubiera una evaluación exenta.

Básicamente, los cambios que la escuela "candanga"[1] trajo están sintetizados en la comparación con la escuela tradicional segmentada en grados, aquí presentada.

Cuadro comparativo entre la escuela tradicional y la escuela "candanga"

	Escuela tradicional (segmentada en grados)	**Escuela "candanga"** (organizada en fases de 3 años)
Enseñanza versus aprendizaje	*Proceso centralizado en el profesor y mera transmisión y adquisición de informaciones*	*Todo alumno tiene potencial para aprender y posibilidades de realizarse; centralizada en situaciones de trabajo colectivo*
Evaluación	*Centralizada apenas en el aspecto cognitivo (pruebas y exámenes); tiene como objetivo clasificar y medir lo que ha sido aprendido; tiene una finalidad en sí: aprobación o reprobación*	*Centralizada en el proceso; considera todos los aspectos educativos: cognitivo, cultural, social, afectivo, motriz, priorizando los aspectos cualitativos; tiene función diagnóstica (todos serán evaluados: alumno, profesor, escuela, etc.)*

---

1. *Nota do tradutor: Candango es el nombre que se le da a los trabajadores que vinieron a Brasília para trabajar en su construcción. Escuela candanga es una referencia a esos trabajadores, un homenaje a ellos.*

Currículo	Secuencia rígida de los grados: todos deben aprender al mismo ritmo/tiempo; centralizada en la instrucción/formación	Organización en fases que consideran los varios ciclos del desarrollo humano: infancia (1ª fase), preadolescencia (2ª fase) y adolescencia (3ª fase); secuencia flexible, centralizada en la formación del educando
Conocimiento	Fragmentado, dividido en grados, descontextualizado; el libro es la única fuente	Respeta el ritmo y las diferencias individuales; visión global y conocimiento; preocupación en formar ciudadanos dentro del eje ético-ecológico, dando significado a los contenidos
Metodología	Clase expositiva, repetición mecánica, deberes cansados; centrada en la transmisión del conocimiento y modelos	Énfasis en vivencias, situaciones-problema, experiencias, investigaciones, sondeos, considera el conocimiento que el alumno posee, privilegia la interdisciplinaridad y la pedagogía de proyectos (centralizada en la construcción colectiva del conocimiento)
Tiempo y espacio (escuela)	Espacio educacional restringido al aula	Concepto amplio de aula: todos los espacios son educativos; locus de formación respeta al alumno como ser en formación, crítico, reflexivo y ciudadano participativo
Recursos humanos (coordinador pedagógico)	Un coordinador para cada 20 grupos, siendo 20hs. de dirección y 20hs. de coordinación pedagógica	Un coordinador pedagógico para hasta 7 grupos, siendo: 10h de coordinación para formación propia, 15h de coordinación con sus pares, 15h de coordinación del taller de aprendizaje
Recursos humanos (dirección)	Trabajo individual; un profesor para dos grupos (matutino y vespertino)	Trabajo colectivo; un profesor exclusivo para cada grupo (5h con el alumno y 3h en la coordinación); 25h de dirección; 15h de coordinación pedagógica
Relación profesor-alumno	Unilateral: el profesor enseña, el alumno aprende	Mediador y organizador del proceso educativo; relación dialógica de cooperación y respeto
Relación escuela-comunidad	Unilateral: participación solamente en eventos	Dialógica; cooperativa; participativa e interactiva

A pesar de haber sido una experiencia muy corta, nos dejó impresiones bastante positivas, según sondeo realizado en 1999, por solicitud del nuevo gobierno, de posición radicalmente contraria a la utilización de las fases en lugar de los grados convencionales.

Algunos datos del sondeo realizado por la Fundación Cesgranrio, encomendada por la Secretaría de la Educación del Distrito Federal, en el ámbito de la red pública, son aquí presentados.

1. En su opinión, la escuela que usted frecuenta:

a) ¿Favorece el aprendizaje, pues existe un esfuerzo colectivo para que todos aprendan?

Respuestas de los alumnos:
No (13,6% escuela segmentada en grados y 9,9% escuela "candanga")
Sí (80,2% escuela segmentada en grados y 84,2% escuela "candanga")
Sin información (5,6% escuela segmentada en grados y 6% escuela "candanga")

b) ¿Favorece el aprendizaje, pues la buena disciplina de los alumnos les permite que pongan atención a las clases?
Respuestas de los alumnos:
No (39% escuela segmentada en grados y 28% escuela "candanga")
Sí (53% escuela segmentada en grados y 67% escuela "candanga")
Sin información (8% escuela segmentada en grados y 5% escuela "candanga")

c) ¿Hace difícil el aprendizaje, pues el ambiente de violencia crea inseguridad?
Respuestas de los alumnos:
No (58% escuela segmentada en grados y 67% escuela "candanga")
Sí (35% escuela segmentada en grados y 28% escuela "candanga")
Sin información (7% escuela segmentada en grados y 5% escuela "candanga")

2. ¿Entiende usted lo que el(la) profesor(a) enseña en las clases de matemática y portugués?
Respuestas de los alumnos:
Matemática: sí (76% escuela segmentada en grados y 82% escuela "candanga")
Portugués: sí (74% escuela segmentada en grados y 84% escuela "candanga")

La investigación abarcó un universo de 40.241 alumnos – 31.498 de la segunda fase y 12.426 de la segmentación en grados (4º grado de primario). Esos dados se vuelven extremadamente significativos si analizados desde el punto de vista histórico, teniendo en cuenta que la implantación de los grupos de 11 años de la 2ª fase solo tuvo lugar en 1998. Por lo tanto, esa estructura, considerada por la investigación como "no segmentada en grados", contaba con solamente un año y medio de implantación. En contrapartida, la estructura segmentada en grados contaba con por lo menos 39 años, solo en el Distrito Federal. Esos datos se presentan en Mota y otros (23).

Para finalizar el relato de la experiencia de Brasília se presentarán algunos datos referentes al sistema de enseñanza pública, al inicio y al final de la administración.

En 1994, el abandono en la enseñanza primaria fue del 7,4% y, en 1997, cayó para el 6,8%. En la enseñanza secundaria, en 1994, el abandono fue del 17,5% y, en 1997, cayó para el 12,8%. Por su parte, la aprobación en 1994 en la enseñanza primaria fue del 70,1% y, en 1997, subió para el 77%. En la enseñanza secundaria, la aprobación, en 1994, fue del 54,2% y, en 1997, subió para el 66,3%.

La evaluación en la política educacional brasileña

Recientemente, el MEC lanzó el Plan de Desarrollo de la Educación (PDE), del cual uno de los destaques es la evaluación de resultados, mediante la incorporación de un nuevo indicador, el Índice de Desarrollo de la Educación (Ideb), a los ya consagrados en Brasil: el Sistema de Evaluación de la Educación Básica (Saeb) y el más reciente, la Prueba Brasil.

Con relación al proceso de evaluación de resultados y a los diversos indicadores utilizados, conviene mencionar una reflexión realizada por este autor, pues no se puede olvidar que la evaluación es un medio, y no un fin.

Reproducimos, a continuación, parte de ella (24):

"Los resultados del Sistema de Evaluación de la Educación Básica (Saeb), de la Prueba Brasil, de la Enseñanza Secundaria (Enem), del Programa de Evaluación Internacional (Pisa) y, además, simulacros con el nuevo indicador propuesto por el Ministerio de la Educación (MEC), el Ideb (Indicador de Desarrollo de la Educación Básica), fueron noticiados ampliamente, confirmando la baja calidad de la enseñanza de niños y jóvenes en las escuelas públicas y privadas. Fue una masacre contra las escuelas, principalmente las públicas, a pesar de que el MEC haya divulgado experiencias de éxito de algunas pocas escuelas públicas.

Nadie duda sobre lo de que nuestra educación básica carece de la calidad con que todos nosotros soñamos para nuestros jóvenes, principalmente cuando comparada a la de otros países. Parece que nadie duda, además, de que es necesario utilizar indicadores que puedan orientarnos al respecto de cómo está desarrollándose la educación, sea la básica, sea la superior.

Curiosamente, y a pesar de los varios indicadores, no sabemos, aún, cómo nuestros jóvenes se desarrollan con relación a otras áreas del conocimiento diferentes de las escogidas en las evaluaciones, en general, portugués y matemática. No estoy cuestionando la importancia de esos indicadores, sino que estoy señalando la falta de otros indicadores. Parece que esos otros indicadores no despiertan curiosidad o son de menor importancia.

¿Alguien se pregunta cuál es el comportamiento ético de nuestros jóvenes y cuáles son los indicadores que podrían mostrarnos la visión que ellos están adquiriendo de este nuestro mundo globalizado e injusto? O entonces, ¿cuáles son los indicadores que nos permiten evaluar los principios y los valores practicados y respetados por nuestros jóvenes? Sin contar con los indicadores al respecto del nivel de desarrollo cultural, histórico, social y de allí en adelante.

Esa fiebre por determinados indicadores y la carencia total de muchos otros pueden tener su causa en la predominante y, aparentemente, casi hegemónica existencia de un modelo de educación que prioriza resultados, sin mucho cuestionar la forma de la obtención de éstos, ni la capacidad crítica, creativa, reflexiva o de comportamiento de nuestros estudiantes. ¿Por qué no desarrollar y divulgar indicadores que muestren el real valor del conocimiento que la escuela le agrega al alumno, desde su ingreso en la misma hasta su salida, para conocer mejor el papel que ésta representa en el aprendizaje de los niños y de los adolescentes? Si ese tipo de evaluación fuera presentado, eliminaría muchas de las injusticias que se cometen contra los profesores y las escuelas públicas, una vez que aquellos y éstas son capaces de suplementar, parcialmente, las deficiencias de los alumnos provenientes de familias que sufren con la falta de condiciones económicas y sociales.

Existe otro modelo de educación que no considera prioritarios los indicadores, pero que simplemente los considera como una indicación más del modo como la educación se encuentra. Ese otro modelo valoriza más al profesor, ya que permite que éste tenga más libertad de enseñar aquello que es más adecuado para el niño, sin sufrir la presión de tener que enseñar solamente lo que será evaluado en las pruebas de conocimiento (...)".

El perfeccionamiento de los profesores

El lanzamiento del PDE fue una oportunidad para estructurar la formación continuada de profesores, de acuerdo a las Directivas Generales y Nacionales, y de valorizar los profesionales de la educación. Sin embargo, se quedó muy por debajo de lo esperado. Entidades como la Asociación Nacional de Formación de Profesores (Anfop) y la Confederación Nacional de los Trabajadores en Educación (CNTE) ya manifestaron preocupación, ya sea al respecto de la utilización de la educación a distancia para la formación y perfeccionamiento de los profesores o con el hecho de que la tarea de la formación salga de la esfera de la Secretaría de Enseñanza Superior.

Podría ser hecha una adecuación de los Centros de Profesores implantados al inicio de las reformas españolas, relatada en el capítulo 2 de esta obra, utilizando la propia Capes, como explicado a continuación, en la reproducción de parte de un artículo escrito por este autor (25):

"Comenzamos inicialmente señalando la diferencia de objetivos en el perfeccionamiento de los profesores de la educación superior y básica. En el caso de los primeros, el perfeccionamiento se da en el sentido de ir más a fondo en el conocimiento de ellos, introduciéndolos en el mundo de la investigación. Las directivas y la política son dadas por la Capes. En el caso de los profesores de la educación básica, el perfeccionamiento tiene que tener por objetivo mejorar el proceso de enseñanza-aprendizaje, para disminuir el índice de alumnos que repiten y la evasión escolar. Esos objetivos no pueden ser confundidos, a pesar de que la política sea elaborada y difundida por el mismo órgano, en el caso, la Capes.

El perfeccionamiento de los profesores de la educación básica no puede estar restricto a cursos elaborados por universidades, buscando ir más a fondo en el conocimiento y, a veces, desconociendo las reales condiciones de desarrollo y trabajo de esos profesores. El perfeccionamiento tiene que tener por base el proyecto político-pedagógico de la escuela, elaborado conjuntamente por los profesores y la comunidad, y puede variar de cursos objetivos, pasando por pasantías, realización de congresos, participación en charlas, conferencias, presentación de trabajos en eventos, la creación de revistas específicamente para esos profesores, material didáctico que no sea exclusivamente libro, pasantías en universidades, talleres de investigación y empresas, concesión de becas, formación complementaria pedagógica y otras acciones. Existe diversidad y variedad de actividades que deben formar parte de una política de desarrollo y perfeccionamiento, desde que el objetivo sea la mejora del proceso de enseñanza-aprendizaje.

La elaboración de esa política nacional pasa necesariamente por el conocimiento de la realidad de las escuelas brasileñas.

De ese modo, para que esa excelente iniciativa no sea perdida es necesario que los estados tengan, por lo menos, un centro de perfeccionamiento de profesores, en régimen de colaboración con el gobierno federal, con la responsabilidad de conocer de modo más preciso la realidad de cada escuela del estado y de los municipios, mediante contacto directo con el director y los profesores. Esos centros, administrados por un director, tendrían profesores responsables por áreas del conocimiento, aptos a dialogar con sus colegas de escuela, buenas condiciones de trabajo, tales como biblioteca, videoteca, auditorio, talleres de informática, acceso a nuevas tecnologías, banco de datos y experiencias innovadores y de éxito, divulgación de informaciones sobre formación continuada, etc. Sería un espacio para que los profesores pudieran discutir y debatir ideas e intercambiar conocimientos al respecto de la mejora del proceso de enseñanza-aprendizaje y la implementación de las directivas de perfeccionamiento establecidas por una política nacional. Nada impide que los centros de profesores sean también utilizados como polos de la Universidad Abierta, dentro del proceso de colaboración entre Unión, estados y municipios.

Ese proceso de perfeccionamiento debería venir acompañado por las directivas de una carrera docente, asociando una promoción en la carrera con perfeccionamiento, lo que incentivaría a la gran mayoría de los profesores a participar de la política de perfeccionamiento.

Una evaluación de esa política de perfeccionamiento debería ser hecha para la corrección de rumbos, si fuera necesario. La mejora del aprendizaje, por parte de los alumnos, además de traer una disminución de la evasión, ya sería un importante indicador de que el perfeccionamiento de los profesores estaría contribuyendo con la mejora de la educación".

La gestión democrática

A pesar de que ya haya sido discutida como uno de los aspectos de la legislación española, es necesario reforzar la importancia de tener una legislación en nivel nacional, porque solo así los estados podrán aplicar la gestión sin la interferencia del Supremo Tribunal Federal, cuando consultado por algún gobernador que no desee la gestión democrática en su estado. La Constitución define los cargos que son elegibles: presidente, gobernador, senador, diputados federales, estatales y de distrito, en el caso del Distrito Federal, y Ediles. No hay respaldo constitucional para que el gobernador de un estado nomine al director de una escuela, basado en la elección. En el caso de la gestión democrática, se vuelve necesario un cambio constitucional para escoger a los representantes en el Consejo Escolar y el director, o el mismo Consejo se responsabiliza por la elección del director, que puede ser elegido directa o indirectamente por los consejeros.

La fórmula que el MEC ha venido incentivando para la elección de directores no es la más indicada. Ésta se basa en la realización de una prueba de conocimientos, seguida de elección entre los candidatos que pasaron en la prueba. Es un modo de privilegiar el mérito en detrimento del liderazgo político. Dejar los liderazgos políticos fuera de la elección para la elección de directores es un error grave, pues la gestión de ese director comienza con un antagonismo, en general significativo, que puede hacerlo inviable. Tanto los liderazgos académicos como las políticas necesitan estar aptas a competir y, luego de las elecciones, aquel que gane debe frecuentar cursos de formación. El modelo utilizado en Brasilia es el más recomendable. Los modelos que privilegian el mérito se encajan dentro de la visión presentada por San Fabián (26):

> "Ocultar la naturaleza política, micro y macropolítica, de las organizaciones es un rasgo destacado de la modernidad neoliberal que, esgrimiendo una imposible neutralidad ideológica practica una política dirigida a despolitizar el discurso educativo. Sin embargo, las relaciones de poder forman parte inevitable del entramado de cualquier organización, llámese educativa o no, e ignorarlas es renunciar a una de las dimensiones más sustantivas para entender su funcionamiento".

Otras sugerencias

Además de los puntos presentados y que configuran contribuciones para mejorar la educación básica, una vez que compitieron fuertemente para mejorar el sistema español, presentaremos otras sugerencias:

Directivas de carrera

Si fuera establecida una política para el perfeccionamiento de los profesionales de la educación, ésta deberá estar relacionada a la progresión en la carrera. Si eso no ocurre, estaremos frustrando la prin-

cipal motivación de los profesores, que es perfeccionarse y progresar en la carrera. Esas directivas aún no fueron aprobadas por el Congreso Nacional.

En la discusión de las Directivas, es necesario incluir el piso nacional de salarios y la jornada de trabajo, que no pueden estar ausentes cuando se habla de mejora de la calidad de la educación.

Enseñanza secundaria

Las características referentes a nuestra juventud con relación al desempleo, la violencia, la escolaridad son indignas de un país cuya producción de riqueza lo coloca entre los 11 países más ricos del mundo.

No podemos pensar que la educación sea la solución para todos los problemas, pero sin lugar a dudas pasa por ella. Del mismo modo, el aumento de recursos para la financiación de la educación no es la solución para los problemas de esa juventud, pero la solución de esos problemas pasa por el aumento de recursos para esa financiación.

En 2004, fue implantada una iniciativa muy interesante para intentar aliviar los problemas de desempleo de la juventud. Esa iniciativa vino por la publicación, en ese año, del Decreto Presidencial nº 5.154. Hasta esa fecha, la educación profesional podía ser cursada luego de la conclusión de la enseñanza secundaria, o sea, era un curso posterior al secundario, o concomitante a él, en dos escuelas diferentes o en la misma escuela, pero con inscripciones diferentes. Existía, además, una condición: haber sido aprobado en el primer grado del secundario. Solo de este modo el alumno podría inscribirse en la educación profesional. Esa situación fue consecuencia del Decreto Presidencial nº 2.208, del Presidente Fernando Henrique Cardoso. Ese decreto, la sanción de la ley que prohibía la expansión de la red federal y la financiación, con recursos del Banco Interamericano de Desarrollo (BID), de la educación profesional para la expansión de la misma, mediante acuerdos con estados y entidades privadas sin fines de lucro, fueron los pilares de la política de educación profesional del gobierno anterior, que tenía por objetivo reducir al máximo la presencia del Estado en esa modalidad de educación.

En 2003, por iniciativa de la que era, en aquel entonces, la Secretaría de Enseñanza Secundaria y Tecnológica (Sentec), del Ministerio de la Educación, fueron realizadas diversas audiencias públicas con todos los actores involucrados en la educación profesional para discu-

tir los cambios o la revocación del Decreto nº 2.208. Al mismo tiempo, fue enviado al Congreso Nacional, por iniciativa del MEC/Sentec, un proyecto de ley permitiendo la expansión de la red federal de educación profesional (esa iniciativa estaba en el propósito de pensar para Brasil, durante el programa de gobierno del entonces candidato a presidente Luiz Inácio Lula da Silva, un ciclo de desarrollo del cual el país tanto precisaba. Con ese desarrollo, la educación profesional tendría un papel muy importante). Durante casi un año, se realizaron debates, charlas y audiencias públicas, y se llegó a una forma política que fue mayoritaria, para el contenido del decreto presidencial que substituiría el 2.208. El Decreto nº 5.154 permite una alternativa más para cursar la enseñanza secundaria y la educación profesional, mediante la integración de las dos, y fue concebido para atender a todos los sistemas de enseñanza, responsables por la enseñanza secundaria y profesional, que se dispusieran a eso, una vez que es una opción y no una obligación.

Le faltó al gobierno invertir en esa idea, apoyando no solo a los Centros Federales de Educación Tecnológica y a las escuelas agrotécnicas, sino también y principalmente a las redes estatales, donde se encuentra la mayoría de los estudiantes de la enseñanza secundaria. Las Directivas Curriculares Nacionales de la Enseñanza Secundaria ya permiten, sin que haya necesidad de aplicación del Decreto nº 5.154, una casi iniciación profesional, caso las redes estatal y federal aplicaran lo que ellas indican. Más recientemente, el gobierno federal se dio cuenta del error que estaba cometiendo y lanzó el programa Brasil Profesionalizado, que es una inversión de R$ 900 millones en las redes estatales de enseñanza secundaria y de educación profesional que trabajen con la integración de los dos, el secundario y el profesional. Si hay convicción en esa idea, Brasil puede dar un gran salto en lo que se refiere a la formación del joven en la etapa de enseñanza secundaria.

Fue implantado, en el caso de la red federal, el programa de educación de jóvenes y adultos, el Proeja, que es la integración de la enseñanza secundaria y la profesional. La implantación fue tímida, pues alcanzó el 10% de las vacantes existentes en la red federal. Dentro de esa perspectiva de atraer al joven hacia las escuelas, el programa Projovem, que integra la enseñanza primaria con la iniciación profesional, tiene todo para funcionar, pero encuentra dificultades en la implementación en razón de problemas políticos de la oposición y porque fue idealizado para existir fuera de las redes escolares, lo que causa problemas de evasión, ya que el estudiante no recibe atención de la escuela pública ni otras formas de apoyo.

Pero la gran tragedia de la enseñanza secundaria ocurre en el período nocturno. Estudio del Ipea, de diciembre de 2006, informa que, de los 1,2 millones de jóvenes que abandonaron la enseñanza secundaria en 2003, el 70% cursaban el nocturno. Hay casi 4 millones de jóvenes frecuentando las escuelas en el período nocturno. Ese período es el que concentra las peores condiciones de aprendizaje para nuestros jóvenes: falta de profesores, violencia, iluminación precaria, falta de seguridad, transporte de mala calidad, entre otras. La evasión y el índice de repetición alcanzan casi al 50% de los alumnos del turno de la noche.

Los alumnos del nocturno, en general, trabajan formal o informalmente y, cuando desempleados, buscan empleo durante el día, a diferencia de los jóvenes inscriptos en el diurno que, en general, tienen más y mejores condiciones para dedicarse a la escuela y a las actividades escolares.

Aunque con la implantación del Fundeb, que deberá aportar casi R$ 40.000 millones en diez años, esas diferencias tienden a permanecer, pues no son inherentes a la escuela, pero también dependen de desigualdades socioeconómicas y culturales.

Hacen falta otras alternativas que valoricen a esos alumnos y permitan que tengan las mismas condiciones de acceso al mundo del trabajo o a cursos de graduación, universitarios o no.

La propuesta es para que los jóvenes de más de 18 años, que están concluyendo la enseñanza primaria, tengan acceso a la enseñanza secundaria de modo diferenciado de aquellos que están en la edad regular y que desean y pueden frecuentar las clases en el período diurno. Los jóvenes de más de 18 años se inscribirían en el período nocturno en cursos de Educación de Jóvenes y Adultos (EJA), que incluyesen una iniciación profesional. En ese caso, conforme las directivas curriculares de la EJA, se puede pensar en cursos de 1.600 horas (dos años), al final de los cuales el alumno tendría el certificado de enseñanza secundaria y un certificado de iniciación profesional. La iniciación profesional estaría incluida en uno de los itinerarios formativos, y las disciplinas profesionales tendrían como referencia los arreglos productivos locales.

El desafío de esa propuesta es garantizar la calidad de ese nuevo modelo. En ese sentido, se pueden aprovechar y mejorar las experiencias desarrolladas por la Red Federal de Educación Tecnológica, como forma de hacer posible el Proyecto de Educación Profesional de Jóvenes y Adultos (Proeja), según el Decreto nº 5.840/06.

El costo de su implantación, principalmente en términos de especialización y perfeccionamiento de los profesores, vendrá del ahorro hecho con la transformación de un curso de tres años en un curso de dos años. Sin contar el costo de la evasión y de la repetición, cuyos índices disminuirán sensiblemente. Una ventaja adicional de esa propuesta es la oportunidad de atraer a jóvenes que ya han abandonado la escuela por falta de perspectivas que el currículo les presentaba.

Se puede pensar aún en la concesión de becas para aquellos alumnos, mayores de 15 y menores de 18 años, que deseen transferirse al período diurno, pero que estén trabajando. Esa es una de las propuestas del Ipea para mejorar la educación básica que consta en el estudio anteriormente mencionado.

Escasez de profesores

Recientemente, el Consejo Nacional de Educación publicó un informe referente a la escasez de profesores en la educación básica (19), más específicamente en la enseñanza secundaria. La comisión indicada para el estudio presentó datos que impresionan, principalmente cuando se discute la calidad de la educación.

Los datos están basados en el cálculo del número de profesores necesarios para atender a todos los alumnos inscriptos en la enseñanza secundaria y en los últimos años de la enseñanza primaria, en las disciplinas de Física, Matemática, Química, Biología y Ciencias. Esos números tienen como referencia el número de grupos calculado en función del promedio del número de alumnos por aula, en las disciplinas mencionadas y en el número de horas por semana, en esas mismas disciplinas. Por ejemplo, en Matemática serían necesarios 108.889 profesores. Ese número, cuando comparado al número de profesores habilitados que están dando clases (conforme el Censo del Profesor de 2003), que es de 31.374 o 20,4%, impresiona negativamente. Aún en Matemática, hay 34.668 profesores dando clase y que no poseen ninguna graduación.

Situación peor es la de Física y Química. En Física serían necesarios 56.602 profesores para atender a todos los alumnos inscriptos en 2006. Están dando clase de Física 31.175 profesionales y, de éstos, solamente 3.095 son habilitados en la disciplina. En Química hay solamente un 50% de los profesores necesarios dando clase y, de los que están en el aula, solamente el 22% está habilitado. En resumen, todos los profesionales de Física y Química, formados en los últimos 25 años, no serían suficientes para atender a las necesidades de hoy en día. Esa es la gran tragedia, al respecto de la cual no hay ninguna manifestación en el PDE, como si ese problema no existiera.

A continuación están algunas propuestas del informe de la comisión del Consejo Nacional de Educación/Coordinación de Enseñanza Básica (CNE/CEB) para atenuar en carácter de emergencia ese problema:

- *Contratación de profesionales liberales como docentes;*
- *Aprovechamiento de emergencia de alumnos de las licenciaturas como docentes;*
- *Incentivo al retardo en las jubilaciones de profesores;*
- *Incentivo para que profesores jubilados retomen la actividad docente;*
- *Contratación de profesores extranjeros para disciplinas específicas, por tiempo determinado, caso continúe la carencia luego de las medidas tomadas para esa finalidad.*

Un sistema nacional de educación

En conformidad con la obra de este autor (19), la creación de un sistema nacional de educación es esencial para asegurar el tratamiento prioritario a la educación: el proyecto de nación para Brasil supone un proyecto nacional de educación. Por lo tanto, la educación necesita ser considerada en su totalidad y articulada en los diversos niveles de administración – Unión, estados, Distrito Federal y municipios –, en los diferentes niveles, modalidades, grados y etapas de la propia educación.

En ese sentido, Brasil y España enfrentan problemas muy semejantes, aunque con nombres diferentes. En España, las Comunidades Autónomas, cuando de la aprobación de sus Estatutos Autonómicos, reivindicaron políticas autónomas para la educación, que trajeron superposiciones, diferencias, dificultades y muchos beneficios. En el caso de los Centros de Profesores, la autonomía llevó a que tuvieran tratamiento diferenciado, y algunos de ellos fueron inclusive cerrados, causando serios daños, según la opinión del autor de este trabajo.

Si ellos tuvieron influencia directa en la mejora de la calidad de la educación básica, en un momento delicado, cuando la joven democracia española se consolidaba, su ausencia o deterioro puede haber acarreado el estancamiento de los resultados del Informe Pisa 2003 y la caída en el Informe Pisa 2006. Serían necesarios estudios específicos para verificar si existe correlación entre esos hechos.

Referencias bibliográficas

(1) IBÁÑEZ, A. R. As políticas de educação básica na Espanha democrática. Comentários a respeito da educação básica brasileira. *Consejería de Educación de la Embajada de España en Brasil, MEC – España, Brasília, 2007.*

(2) PUELLES, M. de B. Educación e ideología en la España contemporánea. *España: Tecnos, 1967. p. 397.*

(3) LLORENTE, L. G. De donde venimos y adonde vamos. Bosquejo de una trayectoria. In: GIMENO, J. S.; CARBONELL, J. S. (Coords.). El sistema educativo. Una mirada crítica. *Barcelona: Praxis, 2004. p. 15.*

(4) PUELLES, M. de B. Educación e ideología en la España contemporánea. *España: Tecnos, 1967. p. 367.*

(5) IBÁÑEZ, A. R. As políticas de educação básica na Espanha democrática. Comentários a respeito da educação básica brasileira. *Consejería de Educación de la Embajada de España en Brasil, MEC - España, Brasília, 2007. p. 145.*

(6) LEZCANO, F. *Enseñanza Pública – Enseñanza Concertada. In:* Informe Educativo 2000. Evaluación de la Logse, Fundación Hogar. *España: Santillana, 2000. p. 246.*

(7) TIANA, A. F. Educação e conhecimento. *Brasília: Unesco, 2003. p. 300.*

(8) VÁRIOS. *Informe Pisa 2003.* Aprender para el mundo de mañana: *Madrid: Santillana, 2005.*

(9) SACRISTÁN, J. G. La Calidad del Sistema Educativo vista desde los Resultados que Conocemos. In: SACRISTÁN, J. G.; CARBONELL, J. S. (Coords.). El sistema educativo. Una mirada crítica. *Barcelona: Praxis, 2004. p. 197.*

(10) OECD. Briefing Note for Spain, Education at a Glance 2006. *Paris, 2006.*

(11) ESPAÑA, MEC. *Decreto 2.112, del 14 de noviembre de 1984.* Boletín Oficial del Estado (BOE), *del 24 de noviembre de 1984.*

(12) IBÁÑEZ, A. R. As políticas de educação básica na Espanha democrática. Comentários a respeito da educação básica brasileira. *Consejería de Educación de la Embajada de España en Brasil, MEC – España, Brasília, 2007. p. 75.*

(13) ZABALETA, P. del Blás. La Educación Secundaria en el Sistema Educativo Español. In: PUELLES, M. de B. Política, legislación e instituciones en la educación secundaria. *Barcelona: Horsoni, 1996. p. 67-68.*

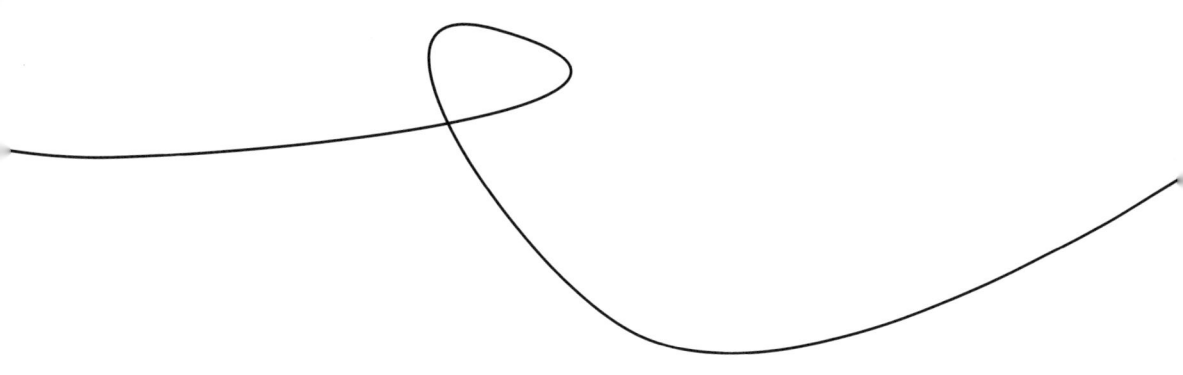

(14) GUTIÉRREZ, J. A. R. La formación permanente. Revista de organización y gestión educativa, n. LXII, 2005. p. 14.

(15) ESPAÑA, MEC. La profesión docente. Diagnóstico del sistema educativo. La escuela secundaria obligatoria. Madrid: Ince, 1998.

(16) PUELLES, M. de B. Educación e ideología en la España contemporánea. España: Tecnos, 1976. p. 373.

(17) FRIAS DEL VALL, A. S. Los Consejos Escolares de Centro en nuestra reciente Historia Legislativa. In: Participación educativa, julio, Madrid, Consejo Escolar del Estado, 2006. p. 14.

(18) IBÁÑEZ, A. R. As políticas de educação básica na Espanha democrática. Comentários a respeito da educação básica brasileira. Consejería de Educación de la Embajada de España en Brasil, MEC – España, Brasília, 2007. p. 123.

(19) IBÁÑEZ, A. R.; NEVES, M. R.; HINGEL, M. Escassez de professores no ensino médio. Brasília: Câmara da Educação Básica. Consejo Nacional de Educaçaó, 2007.

(20) BRASIL, CNE. Diretrizes curriculares nacionais para o ensino médio. Brasília: Conselho Nacional de Educação. Câmara da Educação Básica, 1998.

(21) MACHADO, M. A. de M. Autonomia escolar no Brasil. Brasília: Conselho de Secretários Estaduais de Educação (Consed), 2006.

(22) SOARES, S. S. D. A repetência no contexto internacional: o que dizem os dados de avaliações das quais o Brasil não participa? Brasília: Instituto de Pesquisa Econômica Aplicada (Ipea), agosto, 2007. (Texto para Discução 1.300).

(23) MOTA, C. R. e outros. A estrutura escolar e os rumos da educação – Série e fase: um estudo comparativo. Brasília: Missão Criança, 2000.

(24) IBÁÑEZ, A. R. Ausências do PDE. Escola, n. 1. Brasília: Confederação Nacional dos Trabalhadores em Educação (CNTE), 2007. p. 9-10.

(25) _____. A Capes da educação básica. Jornal da Ciência Hoje. Rio de Janeiro: Sociedade Brasileira para o Progresso da Ciência (SBPC), 20 de novembro, 2006.

(26) SAN FABIÁN, J. L. M. ¿Por qué lo llaman educación cuando quieren decir poder? In: Organización y Gestión, año XIII, n. 1. Madrid: Praxis, 2005. p. 10.

Biografía

Antonio Ibáñez Ruiz nació en Madrid en 1943 y vino a Brasil en 1960. Se graduó como ingeniero mecánico en la Escuela de Ingeniería de São Carlos de la USP (EESC-USP). En 1967 ingresó como profesor del Departamento de Ingeniería Mecánica de la Universidad de Brasília (UnB). En 1972 hizo maestría en Ingeniería en la Universidad Federal de Rio de Janeiro (UFRJ) y, en 1977, obtuvo Ph.D. por la Universidad de Birmingham (Inglaterra). Fue decano de Asuntos Comunitarios (1985-1987) y rector (1989-1993) de la UnB. Fue también secretario de Educación del Distrito Federal, en el gobierno "petista" (gobierno del Partido de los Trabajadores) desde 1995 hasta 1998. En 2002, coordinó la Comisión del Programa de Educación Básica de Luiz Inácio Lula da Silva, entonces candidato a la Presidencia de la República. Fue, además, secretario de Enseñanza Secundaria y Profesional del MEC (2003-2004) y secretario de Educación Profesional y Tecnológica del MEC (2004-2005). Participó como consejero de la Cámara de Educación Básica del Consejo Nacional de Educación (2005-2008) y es actualmente profesor de la UnB y secretario ejecutivo sustituto del Ministerio de Ciencia y Tecnología (2007).

Además de escribir artículos y dar charlas sobre políticas públicas de educación, en especial de educación básica, es autor de As políticas de Educação Básica na Espanha democrática. Comentários a respeito da Educação Básica brasileira *(Coleção Orellana, Ministério de Educação espanhol, 2007)*.

Impresso por
EGB
Editora Gráfica Bernardi Ltda
Aqui, os sentimentos são impressos.
Tel/Fax: 11 2086 - 9090
www.egb.com.br